好感度が上がる！きちんと伝わる！
ビジネスメール もの言い方辞典

シーズ

PHP文庫

○ 本表紙図柄＝ロゼッタ・ストーン(大英博物館蔵)
○ 本表紙デザイン＋紋章＝上田晃郷

はじめに

どんな**言い方**をすれば、
　　どんな**表現**を使えば、
用件はうまく伝わるでしょうか？
事の真意が
　　　　伝えられるでしょうか？

メールのやりとりが頻繁になり、
最近は「書く」ことに慣れた人は多いかもしれません。
でも、いざ仕事や大人同士のやりとりで
うまく用件を伝えるとなると、
「はて、この言い方は適当?」と悩むことはありませんか?

本書はそんな悩める「もの言い」を、
以下の特長をもって手助けします。

- メール文書の構成を「前文」「本文」「末文」という形に分類し、それぞれに入るべき内容、その具体的な例文を紹介
- メールの本文(本題)用に使える、24のカテゴリ別センテンスを収録
- より「ぴったりな言い方」をするための、言い換えバリエーションも掲載

メールは、いわゆる「手紙」や「ビジネス文書」ほど
確固たるルールが決まっているわけではありません。
それがまとまりつつある過程であり、
進化している過程だと思われます。

そんな手探り状態のなかで、
どんなときに、どんな「もの言い」をすればよいのか？

日本語の豊かで幅広い表現のなかから、
「これ」という表現を見つける手助けとなりますように。
本書は、そんな気持ちで制作しました。

本書の特長と効用 こんな「メールの悩み」を解決!

自分の気持ちや意図が正確に
伝わったかどうか、いつも不安

いつも同じ表現を使っていて、
相手からどう思われているか心配

「書き出しの数行」に
いつも時間をとられる

「締めくくりの言葉」を
どうするかでいつも悩む

日々、メール処理に
膨大な時間をとられている

「メールにまつわる悩み」にはさまざまなものがあります。では、本書はどんな悩みに特によく効くのか。それをまず解説します。

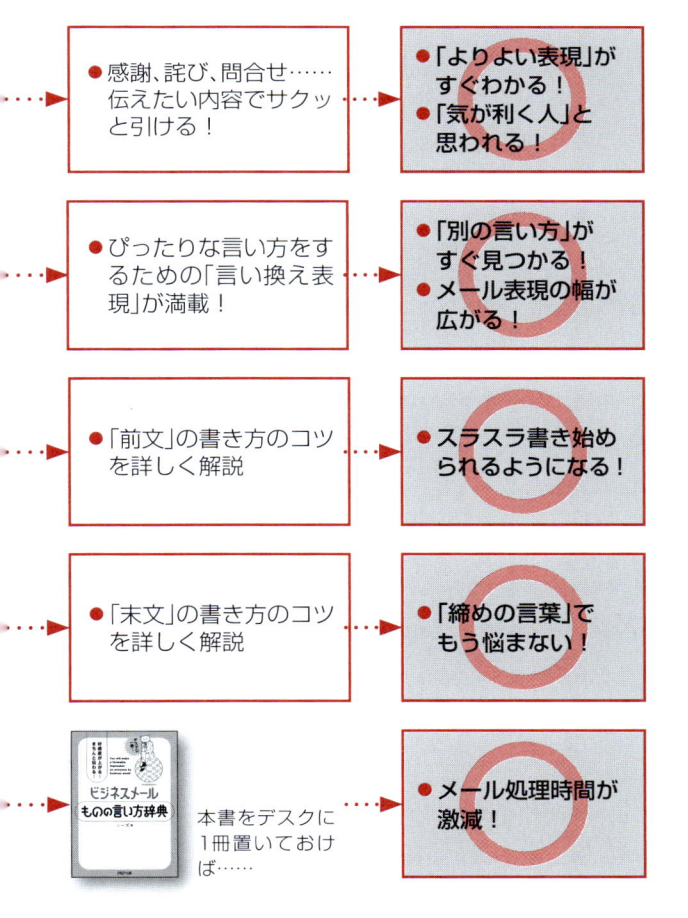

- 感謝、詫び、問合せ……伝えたい内容でサクッと引ける！

→

- 「よりよい表現」がすぐわかる！
- 「気が利く人」と思われる！

- ぴったりな言い方をするための「言い換え表現」が満載！

→

- 「別の言い方」がすぐ見つかる！
- メール表現の幅が広がる！

- 「前文」の書き方のコツを詳しく解説

→

- スラスラ書き始められるようになる！

- 「末文」の書き方のコツを詳しく解説

→

- 「締めの言葉」でもう悩まない！

本書をデスクに1冊置いておけば……

→

- メール処理時間が激減！

メール文書の構成と本書の構成

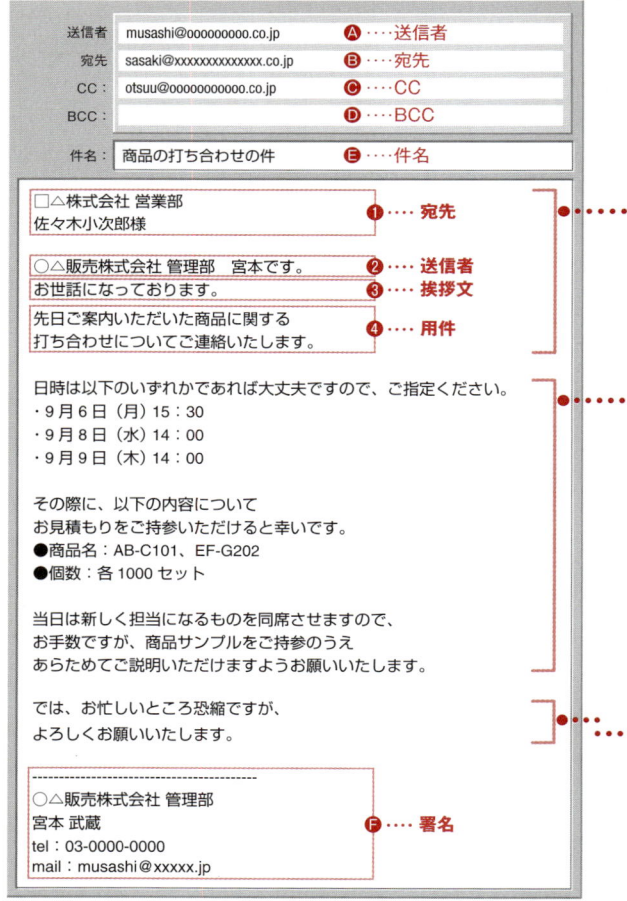

メール文書は、大きく次のような内容に分けられます。
本書は、その各内容について、以下のページで紹介しています。

- **Ⓐ 送信者** 送信者のメールアドレスが表示されます。
- **Ⓑ 宛先** 受信者のメールアドレスが表示されます。
- **Ⓒ CC** 宛先以外にコピーを送るアドレスです(受信者に見える)。 **P.221**
- **Ⓓ BCC** 宛先以外にコピーを送るアドレスです(受信者に見えない)。 **P.221**
- **Ⓔ 件名** メールの件名(タイトル)です。用件を端的に表現します。 **P.220**

前文 P.30〜35

本文(本題)に入る前の要素です。

このメールが誰から誰に宛てられた、何のためのメールであるかを知らせる、下のような各要素が入ります。

❶宛先 ❷送信者 ❸挨拶文 ❹用件 ❺ことわり

本文 P.36〜199

メールの本題です。本書では内容を24のカテゴリに分類し、使われるセンテンスを収録しました。

感謝・詫び・説明/弁明・依頼・問合せ・恐縮・祝福・感心・了解・断り・通覧・受領・退/転職・異動・移転・開店/開業・閉店/廃業・通知・採/不採用・案内・決意表明・催促・抗議・見舞い

メール文書は、簡潔にわかりやすく書く必要があります。
ただし本書では、さまざまな状況で使えるように、書面の文書を参考にした非常に丁重なもの言いから、簡単な言い回しまで取り上げました。
それぞれ、どんなときに使い、どんな効用があるかを示しています。

末文 P.200〜205

メールを締めくくる内容です。

本文をまとめた内容や追記がこの部分に入ります。

- **Ⓕ 署名** 送信者の連絡先等の情報を示します。 **P.222**

目次 取り扱いセンテンス一覧

- はじめに …… P.3
- 本書の特長と効用 …… P.6
- メール文書の構成と本書の構成 …… P.8

前文（宛先・送信者情報・挨拶文・用件・ことわり）…… P.30

- メールの前文 構成要素 …… P.31
  - 宛先 …… P.32
  - 送信者情報 …… P.33
  - 挨拶文 …… P.34
  - 用件(簡易) …… P.35
  - ことわり …… P.35

本文 に使うカテゴリ別センテンス …… P.36

カテゴリ一覧（各カテゴリ内の取り扱いセンテンス一覧はP.13〜29）

- 😊 **ありがとうございます**(感謝) …… P.36
- 😣 **申し訳ありません**(詫び) …… P.44
- 😀 **説明／弁明します**(説明/弁明) …… P.62
- 😣 **お願いします**(依頼) …… P.72
- 😀 **お問い合わせします**(問合せ) …… P.80
- 😟 **恐縮です**(恐縮) …… P.86
- 😊 **おめでとうございます**(祝福) …… P.92
- 😀 **さすがですね**(感心) …… P.98
- 😀 **了解しました**(了解) …… P.102
- 😣 **お断りします**(断り) …… P.106
- 😀 **ご覧ください**(通覧) …… P.116
- 😀 **お受け取りください／受け取りました**(受領) …… P.118

10

- 😊 **退職／転職しました**(退/転職) ········· **P.122**
- 😊 **異動しました**(異動) ················· **P.126**
- 😊 **移転しました**(移転) ················· **P.132**
- 😊 **開店／開業しました**(開店/開業) ······· **P.136**
- 😢 **閉店／廃業しました**(閉店/廃業) ······· **P.139**
- 😊 **お知らせします**(通知) ················ **P.142**
- 😊 **採用／不採用です**(採/不採用) ········· **P.144**
- 😊 **ご案内します**(案内) ·················· **P.152**
- 😊 **がんばる所存です**(決意表明) ··········· **P.164**
- 😓 **催促なのですが**(催促) ················ **P.172**
- 😠 **抗議します**(抗議) ···················· **P.184**
- 😥 **大丈夫ですか？**(見舞い) ··············· **P.192**

末文 (締めの言葉) ········· **P.200**

メールの末文 構成要素 ········· P.201
- 挨拶文 ································· P.202
- 返事の依頼 ····························· P.203
- 内容をまとめて ························· P.204
- 追記 ··································· P.205

つなぎの言葉 ········· **P.206**

順接──後の内容が前の内容から予測できるようなつなぎ	**P.206**
説明・同列──後の内容が前の内容を説明したり、言い換えたりするつなぎ	**P.208**
逆接──後の内容が前から予測するものと異なるつなぎ	**P.210**
対比・同列──前の内容との対比や前と同列の選択肢を示すつなぎ	**P.214**
添加──前の内容と並列の状態で添加するつなぎ	**P.216**
補足──前の内容を補足するつなぎ	**P.218**
転換──話を転換するつなぎ	**P.218**

メールの小技 P.220

01	用件がひとめでわかる「件名」をつける P.220
02	CC（carbon copy＝複写）と BCC（blind carbon copy＝見えない複写）を使い分ける P.221
03	署名をつける P.222
04	効率よいやりとりのための「引用」のコツ P.223
05	メールの本文と添付書類 P.224
06	メールを読みやすく工夫する P.225
07	罫線を使ってメリハリをつける P.226
08	インデントで見やすくする P.227
09	書面で使われる挨拶文①──時候の挨拶 P.228
10	書面で使われる挨拶文② ──安否の挨拶・感謝の挨拶・今後の支援を願う挨拶・ 　繁栄や健康を祈る挨拶 P.230

索引 P.232

※本書ではさまざまな表現を紹介しています。シチュエーションごとに使用し得る言葉を可能なかぎり幅広く紹介していますので、実際のご使用に関してはご自身の判断でお願いいたします。
　また、本文中に登場する各アイコンの3段階の色分け（😃・😄・🙂）は、表現の強弱を示す参考値です。

※同じく本文中に登場する以下のアイコンの意味は、下記のとおりです。
　続　続けて使うフレーズ
　参　参考・関連フレーズ

本文 取り扱いセンテンス一覧

ありがとうございます …………………………………… P.36

ありがとうございます。 ……………………………… P.36
感謝しております。
感謝してやみません。

お礼申しあげます。 …………………………………… P.37
感謝申しあげます。
感謝の意を表します。

お礼の申しあげようもありません。 ………………… P.38
何とお礼を申しあげればよいか、言葉もありません。
感謝の言葉も見つからないほどです。

ただただ感謝の気持ちでいっぱいです。 …………… P.39
感謝の念を禁じ得ません。
感謝のかぎりです。

うれしく存じました。 ………………………………… P.40
感激しております。
胸がいっぱいになりました。

ご恩は一生忘れません。 ……………………………… P.41
足を向けて寝られません。
恩に着ます。

ご面倒をおかけしました。 …………………………… P.42
お手数をおかけしました。
お世話になりました。

おかげさまで …………………………………………… P.43
いろいろとお骨折りいただきまして
このたび〜に当たって…いただきまして

申し訳ありません ……………………………………… P.44

申し訳ありませんでした。 …………………………… P.44
すみませんでした。
失礼いたしました。

	お詫び申しあげます。 ……………………………… P.45
	謝罪いたします。
	陳謝いたします。

	お詫びの言葉もありません。 ………………………… P.46
	お詫びの言葉に苦しんでおります。
	お詫びの申しあげようもありません。

	大変ご迷惑をおかけいたしました。 ………………… P.47
	大変ご心配をおかけいたしました。
	大変ご不快の念をおかけしました。

	自責の念にかられております。 ……………………… P.48
	深く反省しております。
	猛省しております。

	肝に銘じます。 ………………………………………… P.49
	以後、気をつけます。
	二度とこのようなことはいたしません。

	お許しくださいませ。 ………………………………… P.50
	ご容赦くださいませ。
	ご勘弁願えませんでしょうか。

	申し開きのできないことです。 ……………………… P.51
	弁解の余地もございません。
	弁明のしようもありません。

	言い訳が立たないことは承知しております。 ……… P.52
	言い逃れできるとは思っておりません。
	釈明するつもりもございません。

	まさにおっしゃるとおりでございます。 …………… P.53
	〜はごもっとものことでございまして
	〜は無理もないことでございます。

	面目次第もございません。 …………………………… P.54
	お恥ずかしいかぎりです。
	誠に汗顔のいたりでございます。

	不注意で（このようなことになり）……………………… P.55
	うかつにも（このようなことになり）
	不覚にも（このようなことになり）

心得違いで ·········· P.56
誤解がございまして
勘違いしてしまいまして

非礼このうえないことと ·········· P.57
礼儀知らずもはなはだしく
無礼千万なことと

とんだ不始末をしでかしまして ·········· P.58
とんだ失態を演じてしまいまして
このようなことになり

あってはならないことでした。 ·········· P.59
もってのほかでございました。
とんでもないことでした。

私の不徳の致すところです。 ·········· P.60
私の至らなさが招いた結果です。
私の力不足です。

考えが及びませんでした。 ·········· P.61
気が回りませんでした。
不行き届きでした。

説明／弁明します ·········· P.62

改めて説明申しあげます。 ·········· P.62
改めて釈明申しあげます。
改めて事情を述べさせていただきます。

～いたしましたのは、…ためです。 ·········· P.63
実は…があり、～が生じました。
…は、～によるものと判明いたしました。

やむなく～に至った次第でございます。 ·········· P.64
～することを避けられませんでした。
～ざるを得ませんでした。

ご存じかと思いますが ·········· P.65
おわかりかと存じますが
ご承知いただいていると思いますが

- 〜していたことは間違いありません。 ……………… P.66
  〜していたことは紛れもない事実です。
  確かに〜していました。

- 誤解なさっているようですので ……………………… P.67
  ご説明が不十分だったこともあるかと存じますので
  行き違いがあったように思いますので

- 判然としない点もございます。 …………………… P.68
  腑に落ちない部分も多々ございます。
  割り切れない気持ちが残ります。

- 鋭意作業を進めております。 ……………………… P.69
  作業に専心しております。
  脇目もふらず進行中でございます。

- 残念ながらその成果があがっているとは言えません。
  ……………………………………………………………… P.70
  思うようにいかないのが実情でございます。
  あまり進展はしておりません。

- ご理解いただきたくお願い申しあげます。 ……… P.71
  ご了解いただけますようお願い申しあげます。
  ご了承いただけますようお願い申しあげます。

お願いします ……………………………………………… P.72

- 〜していただけませんでしょうか。 ………………… P.72
  〜願えませんでしょうか。
  〜していただきたいのですが、お願いできますか？

- (〜いただきたく)お願い申しあげます。 …………… P.73
  (〜いただきたく)ご依頼申しあげます。
  (〜いただきたく)存じます。

- 切にお願い申しあげます。 ………………………… P.74
  伏してお願い申しあげます。
  懇願申しあげます。

- 誠に厚かましいお願いとは存じますが ………… P.75
  このようなことを申し出してご迷惑とは存じますが
  身勝手きわまる申し入れとは承知しておりますが

誠に申しかねますが …………………………… P.76
お願いするのは忍びないことですが
ご迷惑をおかけするのは心苦しいのですが

ぶしつけなお願いで …………………………… P.77
誠に勝手なお願いで
唐突なお願いで

このうえは〜様におすがりするほかなく ………… P.78
他に頼るところもございませんので
お頼みできるのは〜様だけですので

なにとぞ内情をお汲み取りいただきまして ………… P.79
なにとぞ事情をご賢察のうえ
なにとぞ窮状をお察しいただき

お問い合わせします …………………………………… P.80

おうかがい[いたします/申しあげます]。 ………… P.80
ご照会[いたします/申しあげます]。
お問い合わせ[いたします/申しあげます]。
お尋ね[いたします/申しあげます]。
お教えいただきたく存じます。
お聞かせいただきたく存じます。

〜について改めて確認したい点がございますので …P.82
〜について今一度確認させていただきたく
〜について把握したく

折り返しご返事をいただきたくお願い申しあげます。
…………………………………………………… P.83
ご回答いただければ誠にありがたい次第です。
なにぶんのご返事をお待ちしております。

ご一報くださいますようお願い申しあげます。 …… P.84
ご内報賜りたくお願い申しあげます。
ご善処いただきたくお願い申しあげます。

いかがでしょうか。 …………………………………… P.85
いかが相成っておりますでしょうか。
どのようになっているのでしょうか。

恐縮です ... P.86

恐縮しております。 ... P.86
恐れ入ります。
痛み入ります。

恐縮至極に存じます。 ... P.87
かたじけなく思います。
心苦しいほどです。

お忙しいところ恐れ入りますが ... P.88
ご多用中はなはだ恐縮でございますが
ご多忙のところ申し訳ないのですが

僭越ながら ... P.89
出過ぎたまねをするようですが
恐れ多いことですが

はなはだ未熟ではございますが ... P.90
微力非才の身ではございますが
浅学非才の身にございますが

身に余る光栄と ... P.91
私にはもったいないことと
恐れ多いことと

おめでとうございます ... P.92

誠におめでとうございます。 ... P.92
心からお祝い申しあげます。
心よりご祝詞申しあげます。

慶びに堪えません。 ... P.93
心からお喜び申しあげます。
誠に悦ばしい思いでございます。

誠に大慶に存じます。 ... P.94
誠に慶賀に堪えません。
誠にご同慶の至りに存じます。

皆様もさぞお喜びのことでございましょう。 ……… P.95
皆様のお喜びもいかほどかと拝察申しあげております。
皆様のお慶びはもとより、私どもも雀躍いたしております。

このたびは〜の由 ……………………………………… P.96
このたびは〜されたとのこと
めでたく〜されました由

〜を心からお祈りして、お祝いのご挨拶とします。 ……… P.97
まずは取り急ぎ〜のお祝い言上まで。
まずは、メールにてお祝いを申しあげます。

さすがですね …………………………………………………… P.98

感心しております。 ……………………………………… P.98
感じ入っております。
感銘を受けました。

〜と感服いたしております。 …………………………… P.99
〜は、敬服のいたりに存じます。
〜心酔するばかりです。

心を打たれる思いです。 ……………………………… P.100
頭が下がる思いです。
恐れ入る思いです。

〜は、出色のできばえでした。 ……………………… P.101
〜は、秀逸です。
傑出した〜だと思います。

了解しました …………………………………………………… P.102

〜の件、承りました。 ………………………………… P.102
〜の件、承知いたしました。
〜の件、了承しました。

〜の件、わかりました。 ……………………………… P.103
〜の件、かしこまりました。
〜の件、了解しました。

19

	お受けすることにいたします。 ……………………… P.104
😊	お引き受けいたします。 受諾いたします。

	お役に立てれば幸いです。 ……………………………… P.105
😊	ご期待に添うことができれば幸いです。 お力になれれば幸いと存じます。

お断りします …………………………………………………… P.106

	お断り申しあげます。 …………………………………… P.106
☹	いまのところ必要ございません。 結構でございます。

	お申し出はお受けいたしかねます。 ………………… P.107
☹	お申し出はお引き受けいたしかねます。 ご要望には添いかねます。

	謹んでご辞退させていただきたく存じます。 ……… P.108
☹	ご勘弁いただきたく存じます。 ご容赦のほどお願い申しあげます。

	とても私には力が及びません。 ……………………… P.109
☹	私ではまだ荷が重すぎます。 私などが出る幕ではございません。

	どうにもご用立てはいたしかねます。 ……………… P.110
☹	あいにく持ち合わせがございません。 金子の都合はつきかねます。

	お引き受けしたいのですが ………………………… P.111
☹	お役に立ちたいところですが ご協力申しあげたい気持ちは山々でございますが

	誠に残念ではございますが ………………………… P.112
☹	不本意ながら 申し訳なく存じますが

	せっかくのお申し出ではありますが ……………… P.113
☹	せっかくのご依頼ではございますが せっかくお頼みくださいましたのに

| **お力になれなくて** ················· P.114
お役に立てなくて
ご協力できなくて

| **なにとぞ事情をご賢察のうえ** ················· P.115
なにとぞ事情をご高察賜りまして
なにとぞ本事情をお察しいただき

ご覧ください ················· P.116

| **ご覧ください(ませ)。** ················· P.116
ご高覧ください(ませ)。
ご賢覧ください(ませ)。

| **ご一読いただければ幸いです。** ················· P.117
お目通しいただければ幸いです。
ご参照いただければ幸いです。

お受け取りください／受け取りました ················· P.118

| **お受け取りください。** ················· P.118
ご査収ください。
ご検収ください。

| **お納めください。** ················· P.119
ご笑納ください。
ご受納ください。

| **受け取りました。** ················· P.120
受領しました。
拝受いたしました。

| **頂戴いたしました。** ················· P.121
到着いたしました。
着荷いたしました。

退職／転職しました ················· P.122

| **このたび○○株式会社を円満退社いたし、
△△株式会社に入社いたしました。** ················· P.122
このたび○○株式会社を△月△日付で退社することになりました。
このたび一身上の都合により、○○株式会社を辞職いたしました。

- **在職中はひとかたならぬご厚情をいただきまして** …… **P.123**
  在職中は絶大なるご支援と心温まるご指導を賜りまして
  在職中は公私ともども格別のご高庇を賜りまして

- **今後は、これまでの経験を生かして、**
  **　一層の精進を重ねてまいる所存でございます。** …… **P.124**
  今後は、新しい会社において全力を尽くしていきたいと存じております。
  今後は、新しい職場で心機一転、業務に精励する所存でございます。

- **今後のことにつきましては未定ですが** …………… **P.125**
  今後の方針はまだ決定しておりませんが
  今後しばらくは休養の予定ですが

異動しました ……………………………………………… P.126

- **〜に配属されました。** ………………………………… **P.126**
  〜へ転出いたしました。
  ○○より△△勤務となりました。

- **〜勤務を命じられ、このほど着任いたしました。** ‥ **P.127**
  ○月○日付をもって〜勤務を命じられ、同日赴任いたしました。
  株式会社〜の…に就任いたしました。

- **〜に選出されました。** ………………………………… **P.128**
  〜の役を仰せつかりました。
  〜を担うこととなりました。

- **私こと〜が担当させていただくことになりました。** …… **P.129**
  私こと〜が務めさせていただきます。
  私こと〜がご用命を承ることになりました。

- **後任として〜が貴社を担当させていただくことに**
  **　なりましたので** ……………………………………… **P.130**
  後任として〜が今後貴社に参上いたしますので
  後任には〜が就任いたしました。

- **私同様よろしくお引き回しのほど、**
  **　お願い申しあげます。** ……………………………… **P.131**
  私同様ご指導、ご鞭撻のほどお願い申しあげます。
  ご紹介申しあげます。

移転しました ········· P.132

😐 下記に移転することになりましたので、ご案内申しあげます。 ········· P.132
下記へ移転いたしました。
下記のとおり移転・営業の運びとなりました。

😐 業務拡大に[ともない／備え] ········· P.133
これまでの[店舗／オフィス]では手狭となり
このたび社屋を改築することにともない

😐 新〜は○○駅に近く ········· P.134
新〜は○○駅から徒歩△分と
新〜は○○通りに面した

😐 近くにお越しの節は、ぜひお立ち寄りください。·· P.135
今まで以上にお立ち寄りくださいますよう、お待ち申しあげます。
ぜひ一度、足をお運びください。

開店／開業しました ········· P.136

😊 新会社を設立いたしました。 ········· P.136
新会社を発足する運びとなりました。
新会社を設立、開業させていただくことになりました。

😊 かねてからの念願でした ········· P.137
念願かないまして
この際思いきって

😊 〜すべく準備をしておりましたが ········· P.138
〜を進めておりましたが
〜をめざし、手筈を整えてまいりましたが

閉店／廃業しました ········· P.139

😟 〜は(○月○日をもって)閉鎖いたします。 ········· P.139
(○月○日をもって)〜を閉鎖することに決定いたしました。
(○月○日をもって)〜を閉鎖いたすことに相成りました。

😟 [閉店／廃業]させていただきます。 ········· P.140
〜から手を引くことに相成りました。
〜は(○月○日をもって)解散し、廃業いたします。

このたび諸般の事情により ……………………… P.141
このたび都合により
経営合理化にともなう〜により

お知らせします …………………………………………… P.142

ご通知申しあげます ……………………………… P.142
お知らせいたします。
ご連絡いたします。

このたび、〜することとなりました。 ………… P.143
〜をもちまして…させていただきます。
このたび、〜する運びと相成りました。

採用／不採用です ………………………………………… P.144

適性検査及び面接の結果 ………………………… P.144
慎重に検討しました結果
試験の結果、慎重に選考を行いましたところ

採用を内定することに決定いたしました。 …… P.145
採用を内定させていただくことになりました。
採用する旨内定いたしましたので、ご通知申しあげます。

以下の要領で〜を行いますので、
   ご来社くださいますようお知らせいたします。 P.146
同封の〜に必要事項をご記入いただき、ご返送ください。
これからの日程等につきましては、改めてご通知いたします。

誠に不本意ではございますが ……………………… P.147
誠に残念ながら
誠に遺憾ながら

貴意に添いかねる結果となりました。 ………… P.148
ご希望にお応えすることができませんでした。
今回は採用を見合わせさせていただくことになりました。

せっかくご応募いただきましたのに ……………… P.149
わざわざおいでいただきながら
ご期待に応えられず

	なにぶんにも応募者多数のため ……………………… P.150
☹	本年度は予想を上回る応募数で 今回はご縁がなかったものとして

	今後のご健勝を心からお祈り申しあげます。 …… P.151
☹	今後一層のご活躍を心からお祈り申しあげます。 今後ますますのご健勝ご発展をお祈り申しあげます。

ご案内します …………………………………………… P.152

	開きますので ………………………………………… P.152
☺	開催することになりましたので [催したく／催したいと]存じますので

	行いますので ………………………………………… P.153
☺	実施することとなりましたので 〜する企画を立てましたので

	開催する運びとなりました。 ……………………… P.154
☺	開催いたすことになりました。 〜の開催日時が下記のとおり決まりました。

	ぜひご出席くださいますよう ……………………… P.155
☺	ぜひご参加賜りますよう ぜひお運びくださるよう

	ご案内申しあげます。 ……………………………… P.156
☺	ご案内かたがたお願い申しあげます。 お待ち申しあげます。

	ご参加をお待ちしております。 …………………… P.157
☺	お気軽にお越しください。 ふるってご参加ください。

	ご来臨くださいますよう …………………………… P.158
☺	ご臨席賜りますよう ご来駕の栄を賜りますよう

	万障お繰り合わせのうえ …………………………… P.159
☺	ご都合がよろしければ よろしくご検討のうえ

😊	**皆様おそろいで**	P.160
	皆様お誘い合わせのうえ	
	～様もどうぞご一緒に	

😊	**ご高評をいただきたく**	P.161
	忌憚のないご意見、ご要望を賜りますよう	
	ご忠告などを承りたく	

😊	**出欠のご返事を**	P.162
	ご出席のご都合を	
	ご参加の諾否を	

😊	**お知らせくださいますよう、お願い申しあげます。** ················· P.163	
	お教えくださいますよう、お願い申しあげます。	
	ご連絡くださいますよう、お願いいたします。	

がんばる所存です ················ P.164

😊	（社業の発展に）**努める**	P.164
	（社業の発展に）専心いたす	
	（社業の発展に）尽くす	

😊	**所存でございます。**	P.165
	覚悟でございます。	
	～したく存じます。	

😊	**努めてまいります。**	P.166
	努力してまいりたいと思います。	
	努力していくつもりです。	

😊	**社業の発展に**	P.167
	社業の繁栄に	
	業界の発展に	

😊	**全力をあげて**	P.168
	一意専心	
	鋭意	

😊	**皆様のご期待に添うべく**	P.169
	皆様のご芳志に報いるため	
	皆様の厚いご信頼にお応えするため	

- 😡 **今後はこのような不手際のないよう** ·················· **P.170**
  今後はこのような不祥事は起こさないよう
  今後はこのようなことのないよう

- 😡 **厳重に注意いたします。** ····························· **P.171**
  万全の注意を払う所存でございます。
  〜を…に周知徹底させます。

催促なのですが ·· P.172

- 😢 （〜いただいておりませんが、）
  　どのようになっているのでしょうか。 ············· **P.172**
  （〜いただいておりませんが、）いかがなりましたでしょうか。
  （〜いただいておりませんが、）いかがされたものかと案じております。

- 😢 **本日現在まだ** ·· **P.173**
  本日○月○日になっても
  期日を過ぎた現在、いまだに

- 😢 **すでに大幅に日時を経過しております。** ·········· **P.174**
  すでにお約束の期限はもう○日も過ぎております。
  当初の締め切りを○日も過ぎております。

- 😢 **何らご連絡がありません。** ··························· **P.175**
  いまだにご連絡に接しません。
  ご連絡くださるご様子もないまま、幾日も過ぎております。

- 😢 **ご多忙のためご失念かと存じますが** ·············· **P.176**
  ご多忙のため〜もれになっているのではないかと存じますが
  何らかの手違いかとも存じますが

- 😢 **当方〜の都合もございますので** ····················· **P.177**
  弊社といたしましては〜などに困りますので
  当方でも今後の見通しがたたず困っておりますので

- 😢 **お電話で再三にわたりお願いしておりますが** ······ **P.178**
  直接おうかがいしてお願いしたにもかかわらず
  何度か催促申しあげたにもかかわらず

- 😢 **大変困惑いたしております。** ························ **P.179**
  どうしたものかと苦慮している次第です。
  途方に暮れております。

迅速に～くださるよう、お願い申しあげます。 P.180
本メール着信後、即刻～ください。
誠意ある処置をしていただきますよう、お願い申しあげます。

折り返しなにぶんのご回答を承りたく P.181
ご事情についてご回答いただけますよう
何日ごろご回答いただけますか、ご連絡のほど

～のない場合は、最後の手段をとることにいたしますので P.182
しかるべき方法に訴えるほかございませんので
何らかの処置をとらざるを得ませんので

ご承知おきください。 P.183
お含みおきください。
念のため申し添えておきます。

抗議します P.184

はなはだ迷惑をこうむっております。 P.184
はなはだ遺憾に存じております。
誠に困惑するばかりです。

なにぶんのご回答を賜りたくお願い申しあげます。 P.185
誠意あるご回答をお待ち申しあげます。
責任あるご回答をここに申し入れる次第です。

承服いたしかねます。 P.186
納得しかねることです。
納得しろというほうが無理な話です。

しかるべき善処方をお願い申しあげます。 P.187
早急な対処をお願い申しあげます。
事態を改善していただけますようお願い申しあげます。

～になるのが筋ではないかと存じます。 P.188
～されるのが適切な措置かと存じます。
～されることが(貴社にとって)賢明な方途かと存じます。

厳にご注意いただきたく、
　　お願い申しあげる次第です。 P.189
十分な注意を喚起する次第です。
僭越ながらご忠告申しあげる次第です。

万一期日までにご回答のない場合には ……………P.190
今後の推移次第では
最悪の場合は

法律上の手続きをとる所存でございます。 ………P.191
法的措置に訴えることになろうかと思われます。
弊社の顧問弁護士とも相談したうえで、しかるべく
　対応いたす所存でございます。

大丈夫ですか？ …………………………………………P.192

心からお見舞い申しあげます。 ……………………P.192
慰めの言葉もありません。
ご同情に堪えません。

～はいかがかとご案じ申しあげます。 ……………P.193
～はいかがでしょうか。ご案じ申しあげております。
～とのことで、大変心配しております。

大変驚いております。 ………………………………P.194
ただただ驚くばかりです。
突然のことに我が耳を疑うばかりです。

ご心痛のほどお察しいたします。 …………………P.195
ご苦労のほど痛いほどわかります。
何かとご困窮のこと、拝察申しあげます。

ご焦慮のこととお察しいたしますが ………………P.196
お仕事が気にかかることとは存じますが
ご多忙の御身でしょうが

ここしばらくは健康回復に努められ ………………P.197
この際十分にご養生に励まれ
十分のご加療とご静養で

一日も早いご回復をお祈り申しあげます。 ………P.198
一日も早く全快されますよう、お祈り申しあげます。
元気なお顔をお見せくださいますよう、お祈り申しあげます。

（どうぞ／くれぐれも）ご自愛のほどお祈りしております。 ……P.199
（どうぞ／くれぐれも）ご静養のほどお祈りしております。
（どうぞ／くれぐれも）ご養生のほど念じております。

前文（宛先・送信者情報・挨拶文・用件・ことわり）

→ メール文書の構成 → P.8-9

送信者	musashi@ooooooooo.co.jp
宛先	sasaki@xxxxxxxxxxxxxx.co.jp
CC：	otsuu@ooooooooooo.co.jp
BCC：	
件名：	商品の打ち合わせの件

文例1

□△株式会社 広告営業部
佐々木小次郎様

○△販売株式会社 管理部　宮本です。

お世話になっております。

先日ご案内いただいた商品に関する
打ち合わせについてご連絡いたします。

日時は以下のいずれかであれば大丈夫ですのでご指定ください。
・9月6日（月）15：30
・9月8日（水）14：00

文例2

○△販売株式会社 管理部　宮本様　❶

□△株式会社 営業部
佐々木です。　❷

大変お世話になっております。
返事が遅くなりまして、申し訳ありませんでした。　❸

新商品「AB-C101」、「EF-G202」の販売スケジュールについて
お知らせいたします。　❹

以下、少々長くなりますが、ご一読のほどよろしくお願いします。　❺

発売までのスケジュールは以下のように予定しております。
●見本：10月20日
●商品説明会・内覧会：10月25日

メールの前文 構成要素

以下の要素のうち必要なものを組み合わせます。

● **宛先**
メールの送り先となる相手の会社名・部署名・名前など
(例) ○○株式会社　○○○○部
　　　○○○○様 …………… **P.32**

⬇

● **送信者情報**
自分の会社名・部署・名前
＋[自己紹介]
　メールを初めて送る場合、自分のことやメールを送った経緯を簡潔に説明
(例) ○○株式会社　○○○○です。
　　　○○を担当しております。…… **P.33**

⬇

● **挨拶文**
日頃の感謝
直近の出来事に対する挨拶
その他（ごぶさたをお詫びするなど）
(例) お世話になっております。
　　　先日はわざわざご足労いただき
　　　ありがとうございました。…… **P.34**

⬇

● **用件（簡易）**
何のためのメールであるかを端的に表す用件のダイジェスト
(例) ○○の件で、ご連絡いたします。
　　　………………………………… **P.35**

⬇

● **ことわり**
長文メールになることなどあらかじめことわっておくこと
(例) 少し長くなりますが、ご一読のうえ
　　　ご検討いただきますようお願いします。
　　　………………………………… **P.35**

● 宛先

→ 参 メールの前文 構成要素 → P.31

メールの宛名です。送り先となる相手の会社名・部署名・名前などを記します。やりとりが頻繁な場合や社内メールの場合、所属名などは省略される場合があります。

○ 特定の相手宛

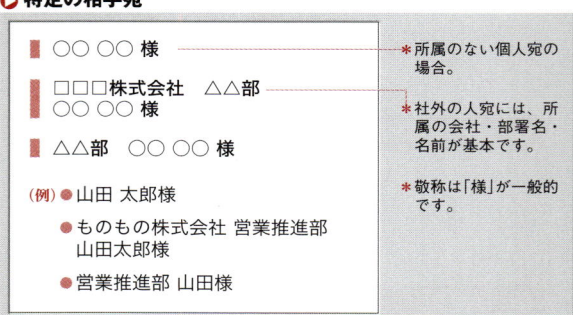

| ○○ ○○ 様

| □□□株式会社　△△部
　○○ ○○ 様

| △△部　○○ ○○ 様

(例) ● 山田 太郎様

● ものもの株式会社 営業推進部
　山田太郎様

● 営業推進部 山田様

* 所属のない個人宛の場合。

* 社外の人宛には、所属の会社・部署名・名前が基本です。

* 敬称は「様」が一般的です。

○ 複数の相手宛

| ○○ ○○ 各位

| ○○ の皆様

| 関係者各位

(例) ● 新商品開発チーム各位

● 新商品開発チームの皆様

● 営業推進部の皆様

●「ものの言い方辞典」制作関係者各位

* 特定のグループに所属する全員に出す場合に利用します。「各位」は皆様方の意味。

* 複数のグループ等にまたがって出す場合によく使用されます。

● 送信者情報

↳ 参 メールの前文 構成要素➡P.31

自分の情報です。所属・名前を記します。
相手が初めてメールを送る人の場合は、簡単な自己紹介やメールを送るに至った経緯を記した一文を加えます。

▶ 所属・名前

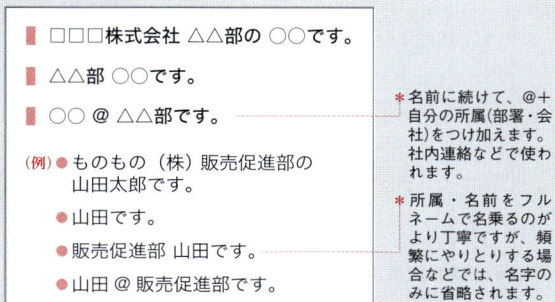

▶ 自己紹介（素性・メールを送った経緯）

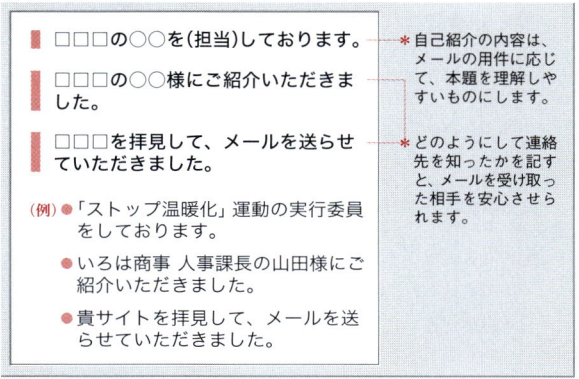

● 挨拶文　　→ メールの前文 構成要素→P.31

日頃の感謝を表す「お世話になっております」から、直近の出来事にふれるものまであります。これも、やりとりが頻繁になる場合などには省かれます。

◯ 日頃の感謝

(例)
- お世話になっております。
- いつもお世話になっております。
- お疲れさまです。
- お世話様です。
- いつも当店をご利用いただき、ありがとうございます。

＊「お世話になっております」は一般的に使われる挨拶です。

＊社内メールでは、長々とした挨拶文は使わず、「お疲れさまです」程度か、挨拶文そのものが省略されます。

◯ 直近の出来事に対する挨拶

［このたびは／先日は］〜いただき、ありがとうございます。

(例)
- このたびは当サービスをお申し込みいただき、ありがとうございます。
- 先日は、わざわざご足労いただき、ありがとうございました。
- 先日は失礼いたしました。

＊相手の行為に対してしっかりお礼を述べる場合もあれば、メールをもらったことなどについて軽くお礼を言う場合もあります。

◯ その他(非礼を詫びるなど)

(例)
- ごぶさたしております。
- お忙しいところ、恐れ入ります。
- 返事が遅くなりまして、申し訳ありませんでした。

＊その他、相手とのやりとり・つきあいの内容に応じて、ごぶさたしていることへの詫びなどを適宜入れます。

● 用件 （簡易）

↳ メールの前文 構成要素→P.31

何のためのメールであるか、その用件（目的）を簡潔に記します。お詫び・お礼など、本文の第一文で内容が把握できるものは、用件を省いていきなり本文（本題）に入る場合もあります。

> ■ ～についてご連絡いたします。
>
> ■ ～いたしたく、メールを送らせていただきました。
>
> ■ ～申しあげたく、ご連絡いたしました。
>
> (例) ● 次回の打ち合わせの日時について、ご連絡いたします。
>
> ● 新商品の内容と発売スケジュールについてご案内いたしたく、メールを送らせていただきました。
>
> ● 誤った商品をお届けした件について、お詫び申しあげたくご連絡いたしました。

＊ ご連絡・ご報告・ご提案など、主旨のわかりやすい言葉を使用して用件を知らせます。

＊ 用件の内容に応じて、カテゴリ別のセンテンス(P.36～199)も利用します。

● ことわり

↳ メールの前文 構成要素→P.31

メール本文が長文になることや、返事を急ぐ場合など、受信者にあらかじめことわっておきたいことを書き添えます。

> (例) ● メールをご覧になった後、お返事いただけると幸いです。
>
> ● ご一読後、関係各位に転送いただけると幸いです。
>
> ● 少々長いメールになりますが、ご一読のほどお願いいたします。

＊ 返信のお願いは、本文終了後の末文に入れる場合もありますが、とくに忘れずに返信してほしい場合には、本文に入る前に入れます。

→ 参 メール文書の構成→P.8-9

本文 に使うカテゴリ別センテンス

前文 / 本文

感謝 / 詫び / 説明/弁明 / 依頼 / 問合せ / 恐縮 / 祝福 / 感心 / 了解 / 断り / 通覧 / 受領 / 退/転職 / 異動 / 移転 / 開店/開業 / 閉店/廃業 / 通知 / 採/不採用 / 案内 / 決意表明 / 催促 / 抗議 / 見舞い

末文 / つなぎの言葉 / メールの小技

ありがとうございます … お礼の言葉

[感謝]指数 ▶

ありがとうございます。

(例) ご協力いただき、ありがとうございます。

用法 感謝を示す基本フレーズです。いつもありがとうございますのように、挨拶代わりにも使われます。本来は有り難い（ありそうもない）ことを貴重だと尊ぶ気持ちが感謝を表す意味に。
効用 感謝の気持ちが素直に伝わります。一方で、シンプルで月並みな面もあるため、聞き流される可能性もあります。

言い換え

感謝しております。

(例) チャンスをいただいたことに、大変感謝しております。

感謝の気持ちに、丁寧さ、かつ重みが加わります。さらに丁寧に表現するなら、**感謝いたしております**。

言い換え

感謝してやみません。

(例) これも山田様のご尽力のおかげと感謝してやみません。

「感謝の気持ちが止まりません」という意味の表現です。言葉通りに受け取られるとは限りませんが、感謝している気持ちを積極的に表すことができます。

 頭に、**本当に・誠に**をつけて、感謝指数をアップできます。

| **ありがとうございます** ……… お礼の言葉 | [感謝]指数 ▶ 😊 |

お礼申しあげます。

(例) いつも格別なお引き立てを賜り、厚くお礼申しあげます。

用法 これもお礼の基本フレーズです。かしこまった表現で、例のように決まり切った文言や定型的な文章のなかで多用されます。また、他の感謝を表す文の後にさらにつけ加えて、**重ねてお礼申しあげます**とたたみかけるのも、よく使われる表現です。
効用 形式に則った丁寧な印象を与えます。

言い換え

感謝申しあげます。 😊

(例) 皆様のご支援に厚く感謝申しあげます。

お礼申しあげますと使い方に違いはほとんどありません。比較的堅い定型文のなかで使用されます。対象を「皆様」にする場合など、(不特定) 多数の人に向けてよく使われます。

言い換え

感謝の意を表します。 😊

(例) 記念館設立への多大なご援助に対し、山田様に感謝の意を表します。

具体的な協力や力添えをしてもらったことに対して、特定の人に感謝の気持ちを表す場合によく使用されます。

> 📝 **メモ** 頭に、心から・幾重にも・重ねてなどをつけて、指数をアップできます。

ありがとうございます …… 謝意の大きさを表す

[感謝]指数 ▶ 😊

お礼の申しあげようもありません。

(例) 取材にご協力いただいたばかりか、詳細な資料まで頂戴し、お礼の申しあげようもありません。

用法 どれほど感謝しているかを表します。思いもかけない親切や身に余る厚意に対して使われます。どちらかというと口語的で、形式的ではなく大げさなくらいに感謝の気持ちを伝える場合に使いまわしです。

効用 厚意に対しての喜びや驚きが表れ、気持ちのこもった響きになります。

言い換え

何とお礼を申しあげればよいか、言葉もありません。 😊

(例) お祝いの品までいただき、何とお礼を申しあげればよいか、言葉もありません。

感謝の気持ちと同時に、その厚意に感激し、とまどう気持ちまでも表せる感情あふれる表現です。話し言葉としては、**何とお礼を申しあげればよいか……**と、余韻を残す形で使われます。

言い換え

感謝の言葉も見つからないほどです。 😊

(例) 親切にしていただいた山田様には、感謝の言葉も見つからないほどです。

言葉で言い表せないほどの感謝を表す点では上の2つと同じです。○○様には〜○○していただいてに続けて、特定の人や厚意に対して謝意の大きさを表す形で使われます。

ありがとうございます ····· 謝意の大きさを表す　　[感謝]指数 ▶ 😊

ただただ感謝の気持ちでいっぱいです。

(例) さまざまなお力添えのおかげで商品を無事完成でき、ただただ感謝の気持ちでいっぱいです。

用法 厚意に対する感動や喜びを示すことで感謝の気持ちの大きさを表す表現です。共に努力した間柄、比較的親しい仲の相手に対してもよく使用されます。
効用 形式的ではなく、「胸いっぱい、感無量」な感じが表せます。

言い換え

感謝の念を禁じ得ません。 😊

(例) 先生のご理解に心からの尊敬と感謝の念を禁じ得ません。

「感謝の気持ちがあふれだす」という意味では上の例と同じですが、古風で堅い表現です。恩師や大先輩など、深く尊敬する人に対して使用されます。

言い換え

感謝のかぎりです。 😊

(例) チャンスを与えてくださり、感謝のかぎりです。

本来は、最高最大級の謝意を表す**感謝のかぎり**。実際には、もっと気楽な状況でも使用されます。この場合の**かぎり**は、あり得る最上、極み、上限のこと。

📝 **メモ**　感謝のかぎりは深謝のかぎりと言い換えることもできます。

ありがとうございます … 行為に対する感激

[感謝]指数 ▶

うれしく存じました。

(例) お心遣いうれしく存じました。

用法 親切な行為や贈り物をもらった場合などに、その行為について感想を述べることで謝意を示します。うれしい知らせへの返事としてもよく使われる表現です。**存ずる**は「思う・考える」の謙譲語。**うれしく存じます**という言い方もあります。
効用 形式的なお礼の言葉だけでなく、感じたことを伝えることで気持ちの通った文章になります。

言い換え

感激しております。

(例) 心配りいただき、感激しております。

「うれしい」以上に、心が大きく動いたように感じられます。頻繁に使用すると安っぽくなりますが、本当に感動した場面で感謝の言葉に添えると効果的です。

言い換え

胸がいっぱいになりました。

(例) 喜びで胸がいっぱいになりました。

心はさらに大きく動き、「喜び」や「感激」であふれそうな状態を表現します。少し「半泣き」な感じをともなうので、堅い文面にはあわないかもしれません。

前文 / 本文

感謝 / 詫び / 説明/弁明 / 依頼 / 問合せ / 恐縮 / 祝福 / 感心 / 了解 / 断り / 通覧 / 受領 / 退/転職 / 異動 / 移転 / 開店/開業 / 閉店/廃業 / 通知 / 採/不採用 / 案内 / 決意表明 / 催促 / 抗議 / 見舞い

末文 / つなぎの言葉 / メールの小技

40

ありがとうございます ……… 恩義の表明　[感謝]指数 ▶ 😊

ご恩は一生忘れません。

(例) お届けいただいた書類がなければ、契約がふいになるところでした。このご恩は一生忘れません。

用法 相手から受けた行為に対して恩義を感じたことを言い表します。命にかかわることや倒産の危機など（そこまで大げさでないにせよ）、窮地を救ってもらった場合にぴったりくる決まり文句です。さらに丁寧に言うと、**ご懇情は生涯忘れられません。**
効用 常套句とはいえ、**一生**という長い時間をたとえに出すことで、感謝の気持ちの大きさが十分伝わります。

言い換え

足を向けて寝られません。 😊

(例) いつもお力添えいただき、山田様には足を向けて寝られません。

やはり、恩を受けた人に対して感謝の気持ちを表現するときに使います。一時的な行為に対するお礼としてだけでなく、常日頃の厚情などに対しての感謝表現にも使われます。
足を向けて寝られないは、受けた恩を常に覚えている気持ちを表す言い回しです。

言い換え

恩に着ます。 😊

(例) おかげで締め切りにはどうにか間に合いそうです。お力添え、一生恩に着ます。

恩に着るは、恩を受けたことをありがたく思うことです。比較的親しい間柄で「助かります」くらいの意味でよく使われます。さっぱりした表現ですが、「ありがとう」という気持ちが素直に伝わります。

前文 / 本文

ありがとうございます …… 行為に対するねぎらい　[感謝]指数 ▶ 😊

ご面倒をおかけしました。

(例) 無理をお願いしてご面倒をおかけしました。とても助かりました。

用法 自分からの頼み事や何か自分のために骨折りをしてもらった場合に、感謝の言葉に添えて使います。尽力してもらった労をねぎらう形で感謝の気持ちを表現します。

効用 感謝一辺倒の文面に「申し訳ない」ニュアンスをつけ加えることで、感謝の気持ちを強調できます。

言い換え

お手数をおかけしました。　😊

(例) わざわざ調べていただき、お手数をおかけしました。

手数と**面倒**は、ここではほぼ同じ意味。**お手数**のほうが**ご面倒**よりは軽めの印象を与える場合もあります。

> 📝 このお手数をおかけしましたで「すみません／ありがとう」のニュアンスになりますが、ちなみに、お手数をおかけしますでは「よろしくお願いします」のニュアンスが加わります。

言い換え

お世話になりました。　😊

(例) イベントの開催期間中は、大変お世話になりました。

お世話になりましたも自分のために骨を折ってくれた人に対して感謝を表現するための言葉です。ここでの世話は面倒を見ること。同じ世話を使った言葉にお世話様があり、「お疲れさま」のニュアンスで関係者をねぎらう場合などに使われます。

側注

前文

本文
- 感謝
- 詫び
- 説明/弁明
- 依頼
- 問合せ
- 恐縮
- 祝福
- 感心
- 了解
- 断り
- 通覧
- 受領
- 退/転職
- 異動
- 移転
- 開店/閉業
- 開店/廃業
- 通知
- 採/不採用
- 案内
- 決意表明
- 催促
- 抗議
- 見舞い

末文

つなぎの言葉

メールの小技

ありがとうございます ……… 感謝の対象　［感謝］指数 ▶

おかげさまで

(例) おかげさまで、無事作品が完成しました。

用法 もろもろに対して感謝する挨拶の言葉です。何かが成就したことに対するお礼の言葉のなかで、枕詞のように使われます。「あなたのおかげで（よい結果になりました）」というニュアンスです。丁寧に言うには、**おかげさまをもちまして**。
効用 （達成の）事実を報告する記述部分でも、感謝の念を含められます。

言い換え

いろいろとお骨折りいただきまして

(例) いろいろとお骨折りいただきまして、ありがとうございます。

よい結果を得られたことの要因が相手の**骨折り**にある場合に、それに感謝して使います。**お骨折り**という表現は**ご面倒**や**お手数**に通じる、汎用性の高い言い回しです。

言い換え

このたび～に当たって…いただきまして

(例) このたびは私の就職活動に当たって、多大なるご尽力をいただきまして、本当にありがとうございました。

感謝する対象や、よい結果を得られたことの要因を具体的に示して、謝意を表す場合の普遍的表現です。「いろいろとありがとう」のように漠然と表すよりも具体的で、文面がありきたりになるのを防ぐことができます。

「ありがとうございます」 ➡P.36

サイドバー
前文
本文
感謝
詫び
説明/弁明
依頼
問合せ
恐縮
祝福
感心
了解
断り
通覧
受領
退/転勤
異動
移転
開店/開業
開店/廃業
通知
採/不採用
案内
決意表明
催促
抗議
見舞い
末文
つなぎの言葉
メールの小技

申し訳ありません …… 謝罪の言葉　[お詫び]指数 ▶ 😞

申し訳ありませんでした。

(例) 度重なる失礼、本当に申し訳ありませんでした。

用法 詫びる言葉の定番です。**申し訳**は本来、言うべき理由、言い訳の意味。「弁解の余地がまったくなく、すみません」という気持ちになります。最も使用頻度が高く、お詫びの文面のなかでは、何度も登場する文句でしょう。
効用 一度に多用しすぎると、形式化して効果が薄れます。

言い換え

すみませんでした。 😞

(例) 先日はご心配をおかけして、本当にすみませんでした。

すみませんは済まないの丁寧語。謝罪やお礼を言うときに使われますが、「相手に悪くて自分の気が済まない」という気持ちを表します。本来は目上の人には使わない言葉とされていますが、日常あまり気にせずに使われているのが現状です。

言い換え

失礼いたしました。 😞

(例) お返事が遅れてしまい、失礼いたしました。

失礼は、礼儀を欠いたふるまいをすること。通常、**失礼いたしました**の形で、詫びる気持ちを含んだ言葉として認識されます。**申し訳ありませんでした**が大げさに感じるときに、言い換えやすいフレーズです。

> 📝 それぞれ、頭に**大変・誠に・本当に**をつけて、指数をアップできます。

申し訳ありません ……… 謝罪の言葉　　[お詫び]指数 ▶ ☹

お詫び申しあげます。

(例) ご迷惑をおかけいたしましたことを、深くお詫び申しあげます。

用法 これも詫びる言葉の基本フレーズで、**お詫びしますを**相手への敬意を表して言う表現です。そもそも**詫びるは**、悪いことをしたと謝ること、その許しを乞うこと。**申し訳ありません・すみませんに**比較して、文語としての使用が多くなります。

効用 謹んでお詫び申し上げますなど、あらたまった謝罪として受け取られます。

言い換え

謝罪いたします。　　☹

(例) 先日の軽率な発言について、あらためて謝罪いたします。

謝罪は詫びの同義語で、罪・過失を詫びることです。**お詫び申しあげますと**同じ意味で使えますが、**謝罪**の場合、具体的な過失に対して詫びている文で使用されることが多いようです。

言い換え

陳謝いたします。　　☹

(例) ソフトウェアの不具合で、音声が低品質になってしまったことを陳謝いたします。

陳謝は、お詫びを言って謝ること。**陳**には言葉で述べるという意味があり、事の理由を述べて謝るような状態を言います。お詫びの言葉としては**謝罪いたしますと**同等ですが、どちらかというと**陳謝のほうが深く詫びているようにとられるかもしれません。

メモ それぞれ、頭に**幾重にも・深く・心から**をつけて、指数をアップできます。

申し訳ありません …… 謝意の大きさを表す

[お詫び]指数 ▶ ☹

お詫びの言葉もありません。

(例) ご迷惑をおかけした皆様には、本当にお詫びの言葉もありません。

用法 詫びる気持ちの大きさを表現します。これは、「あまりに申し訳ないと思うため、それを言い表す言葉がない」といった気持ちを表す言葉です。何を説明しても怒られそうな場合や、余計な弁明を避けるときなどに使われます。

効用 申し訳なくて言葉につまる、といった苦悩を伝えられます。

言い換え

お詫びの言葉に苦しんでおります。

(例) とんだ不始末をしでかしまして、お詫びの言葉に苦しんでおります。

お詫びの言葉もありませんと気持ちはほぼ同じ。**言葉がないと結論づけた上の例**に対して、「どうにか陳謝したいと言葉をさがしているけど、うまい言葉が見つからない」という苦渋がにじみます。使い古された表現ではないため、そのぶん気持ちが伝わるかもしれません。

言い換え

お詫びの申しあげようもありません。

(例) 驚きと申し訳なさで、お詫びの申しあげようもありません。

申しあげようもないはお礼とも結びついて使われますが、「どう言い表せばいいかわからない」という気持ちで言う言葉です。ここでのよう（様）には仕方や方法といった意味があります。

「お礼の申しあげようもありません」 ➡ P.38

申し訳ありません ……… 謝罪の対象　[お詫び]指数 ▶ ☹

大変ご迷惑をおかけいたしました。

(例) 商品のお届けが遅れまして、大変ご迷惑をおかけいたしました。

用法 何に対して詫びるかという、謝罪の対象を大ざっぱに示した詫びる言葉の常套句です。こちらの過失によって相手に不都合が生じた場合に使用されます。ご迷惑の枠が広いため、あらゆるお詫びの場面で登場します。

効用 形骸化した使われ方もしますが、相手を気遣うにはとても無難な表現です。

言い換え

大変ご心配をおかけいたしました。 ☹

(例) 締め切りが守れるかどうか、大変ご心配をおかけしました。

相手にかけてしまった負担の内容が、実務上の作業や金銭などに限らず、心痛・心労のような精神的な負担だったときに、とくにそれを詫びて言う表現です。この言葉は、お詫びとお礼の気持ちも含む場合があります。

言い換え

大変ご不快の念をおかけしました。 ☹

(例) ご案内に不手際があり、大変ご不快の念をおかけしました。

不快の念は不愉快な思いのこと。自分の言動で相手に不愉快な思いをさせてしまったときに、それを謝って言う表現です。接客業などで顧客への対応が悪くて怒らせてしまった場合などに使われます。

申し訳ありません　……　反省・自戒　[お詫び]指数 ▶ ☹

自責の念にかられております。

(例) 配慮が行き届かなかったと、自責の念にかられております。

用法 自分の過ちや失敗を自覚し戒める気持ちを表現するフレーズです。**自責の念**は、自分で自分の過失を責める思い。過失が自分にあるとはっきりしている場面で使います。
効用 罪の意識が十分にあることを印象づけます。

言い換え

深く反省しております。 ☹

(例) 勉強不足であったと、深く反省しております。

自分の行動をふり返り悪いところがあったと認める、ありふれた言い回しです。日常よく使用される表現のため、過失の度合によっては物足りない表現かもしれません。

言い換え

猛省しております。 ☹

(例) 私の不徳の致すところと、猛省しております。

猛省は**反省**を強めた言葉で、強く厳しく反省することです。効果のほどは別として、**深く反省しています**より**猛省しております**としたほうが、インパクトがあるのは確かです。

| 申し訳ありません ……… 反省・自戒 | [お詫び]指数 ▶ ☹ |

肝(きも)に銘じます。

(例) ご忠告、肝に銘じます。

> 用法 自分の過失についての今後の心構えを伝える言葉です。ここでの肝は心のことを指していて、**肝に銘じる**とは、心に刻んで忘れないようにするということです。たとえば、注意や忠告を受けたことに対して使用されます。
> 効用 今後決して注意を怠らないという気持ちが表現できます。

言い換え

| 以後、気をつけます。 | ☹ |

(例) このようなことをくり返さないように、以後、気をつけます。

> 口語としても日常で使用される一般的な表現で、「今後注意する」という思いを表します。**肝に銘じます**に比較すると、緊迫感はやや少ない表現かもしれません。

言い換え

| 二度とこのようなことはいたしません。 | ☹ |

(例) 今後は十分に注意し、二度とこのようなことはいたしません。

> 自分が起こした失敗を認めたうえで、二度とくり返さない決意を示すストレートな表現です。そのままの意味ですが、今後に対する決心のほどが表れます。

参 「がんばる所存です」 ➡P.164〜171

申し訳ありません ……… 許しを乞う　［お詫び］指数▶

お許しくださいませ。

(例) 突然にメールを差しあげます失礼、お許しくださいませ。

用法 失敗・失礼に対して、許しを乞うときに使う表現です。重い過失を詫びて許しを乞う、というよりも、ちょっとした失礼を詫びるようなときのほうが、使いやすいでしょう。**くださいませ**は命令形ですが、敬意を表す表現です。

効用 ソフトな印象の表現で、厚意を期待する気持ちが表れます。

言い換え
ご容赦くださいませ。

(例) ご注文成立後のキャンセル、および変更はご容赦くださいませ。

容赦は人の失敗などを許すこと。過失に対しての許しを乞う意味で使われるほかに、ことわり書きなどのなかで、許してもらうことを前提に言い切る使い方もあります。丁重に許しを乞うときには、**ご容赦くださいますよう、お願い申しあげます**。

言い換え
ご勘弁願えませんでしょうか。

(例) 商品はすぐにお取り替えいたしますので、ご勘弁願えませんでしょうか。

勘弁もまた、**容赦**と同じく人の失敗などを許すことです。また、**それだけはご勘弁を**のように、すべきことを免ずるという意味もあるためか、より寛大な措置を求めるように聞こえるかもしれません。

申し訳ありません ……………… 過失の自認　[お詫び]指数 ▶ ☹

申し開きのできないことです。

(例) おっしゃるとおりで、まったく申し開きのできないことです。

用法 自分の非を認め、弁解なしで全面的に謝罪する場合に使う表現です。とくに、先方から非を責められる可能性があり、こちらに分（ぶ）がないと思われる場合には、あらかじめ非を認める形で使います。**申し開く**は、事情を明らかにすること。**言い開く**の謙譲表現で、全体に婉曲な言い回しになります。
効用 先方の気持ちを沈静化し、責める気をそぐことができるかもしれません。

言い換え

弁解の余地もございません。 ☹

(例) ご報告が滞ったことについては、弁解の余地もございません。

弁解は**申し開き**の同義語です。**弁解の余地なし**は、言い訳できない場合に使用する紋切り型の表現。「おっしゃる通りです」というニュアンスが強くなります。

言い換え

弁明のしようもありません。 ☹

(例) 遅延の連絡をしなかったことは確かで、弁明のしようもありません。

弁明は、**弁解・釈明**と同義語で、やはり説明して事情を明らかにすること。「弁明する方法がない」ということで、非を認める表現です。**弁解の余地もございません**と同様に使用できる同程度のお詫び表現ですが、使用頻度は低いと言えます。

申し訳ありません ……… 過失の自認　[お詫び]指数 ▶ ☹

言い訳が立たないことは承知しております。

(例) 私の不注意によるもので、言い訳が立たないことは承知しております。

用法 申し開きのできない〜と同様に、非を認め全面的に謝罪するケースで使用します。言い訳が通用しないことがわかっているうえ、するつもりもないということを含んだ表現です。
効用 非を認識し、責めを受ける用意があるという潔さをアピールできるかもしれません。

参 「申し開きのできないことです」 ➡ P.51

言い換え

言い逃れできるとは思っておりません。

(例) この期に及んで言い逃れできるとは思っておりません。

言い逃れは、問いつめられたことに対して適当に応えて言いぬけること。事態は逃げ場を失った状態です。すでに、自分の過失を相手から責められている状態で、それに対して返す言葉がないようなときに使います。

言い換え

釈明するつもりもございません。

(例) ご指摘のとおり私の管理不行き届きによる失態でして、釈明するつもりもございません。

釈明は、自分への誤解や非難などに対して、事情を説明して理解を求めること。もはや、どんな事情説明も逆効果だというときに、責めを甘受する覚悟で使います。このセンテンスの前に、自分の非を認める内容をつけるなどして、開き直りととられないように注意する必要があります。

申し訳ありません ‥‥ 相手の言い分を承認　　[お詫び]指数 ▶ ☹

まさにおっしゃるとおりでございます。

(例) ご指摘の点、まさにおっしゃるとおりでございます。

用法 相手の言い分をすべて認めるという表現です。本当にこちらの非が明確である場合に使うだけでなく、相手の怒りが大きいときにそれを落ち着かせる目的で使われる場合もあります。
効用 相手の正当性を認めることで、怒る相手を刺激しないようにする効果が期待できます。

言い換え

〜はごもっとものことでございまして ☹

(例) お怒りはごもっとものことでございまして、弁解の余地もございません。

ごもっともはもっとも（尤も）の丁寧な表現で、道理にかなっていて当然なこと。相手の言動に対して、「そのとおり」だと認める表現です。

続 「申し開きのできないことです」 ➡ P.51

言い換え

〜は無理もないことでございます。 ☹

(例) お腹立ちは無理もないことでございます。

無理もないは二重否定で、理由が立たないことではない、つまりもっともだということを表しています。ごもっとものことと同じ内容の表現ですが、若干遠回しに言う印象になります。

📝 メモ　メールの場合、あとで言質（げんち）を取られないため、相手の言い分のどの部分を認めるかは慎重に記す必要があります。

| 前文 | **申し訳ありません** ・・・・・・・・・・・・・・ 恥じ入る　　[お詫び]指数 ▶ ☹ |

面目次第もございません。

(例) ご期待に添えなかったこと、本当に面目次第もございません。

用法 自分の失態を恥じ入るときに使う表現です。**面目**とは、世間の人にあわせる顔のことで、**面目次第もない**は、「恥ずかしくて本当にあわせる顔がない」という意味の慣用句です。

効用 失態を恥じる表現は、こちらの平身低頭ぶりを表すことにも使えます。

言い換え

お恥ずかしいかぎりです。　　☹

(例) 私の指導不足が原因であり、誠にお恥ずかしいかぎりです。

恥ずかしいかぎりは、本来は最大級の恥じ入りぶりを表します。この場合の**かぎり**は、あり得る最上、極み、上限のこと。口語でも使われるおなじみの表現で、「謙遜」の意味で用いられることが多いため、あまり深刻な状況にはそぐわないかもしれません。

言い換え

誠に汗顔(かんがん)のいたりでございます。　　☹

(例) このような初歩的なミスを重ねてしまい、誠に汗顔のいたりでございます。

汗顔は、赤面、恥ずかしくて顔に汗をかくこと。**汗顔のいたり**は恥じるときに使う決まり文句で、恥ずかしさの極みという意味になります。自分の未熟ぶりを指してよく使われます。

左サイドバー：前文／本文（感謝／詫び／説明/弁明／依頼／問合せ／恐縮／祝福／感心／了解／断り／通覧／受領／退/転職／異動／移転／開店/開業／閉店/廃業／通知／採/不採用／案内／決意表明／催促／抗議／見舞い）／末文／つなぎの言葉／メールの小技

申し訳ありません ……………過失の要因　　［お詫び］指数 ▶ 😥

不注意で（このようなことになり）

(例) 弊社の不注意でこのようなことになり、本当に申し訳ありませんでした。

> 用法 過失の要因をひと言で言い表す語句です。詫びる言葉に添えて使います。**不注意では**、文字どおり払うべき注意を自分が払わなかったことを直接示しています。
>
> 効用 過失の原因として具体的なことに言及しない場合に、便利な言い方です。

言い換え

うかつにも（このようなことになり） 😥

(例) うかつにも見落としてしまい、申し訳ございません。

> **うかつ**は、注意が足りなくて、うっかりしていること。**不注意**とほぼ同じ内容を指します。**うかつにも～**はよく使われる表現ですが、**不注意で**よりも遠回しな表現になるでしょう。

言い換え

不覚にも（このようなことになり） 😥

(例) 不覚にも、御社に迷惑をかけることになり、誠に申し訳ありません。

> **不覚**は、油断したり不注意で失敗することを言います。上の2例と同じように使われますが、**不覚**がもつ意味が「思わずそうなること・覚悟がないこと」など幅が広いため、別のニュアンスにとられてしまうこともあります。

😥 「申し訳ありませんでした」 ➡ P.44

| 申し訳ありません | 過失の要因 | [お詫び]指数 ▶ ☹ |

心得違いで

(例) こちらの**心得違いで**、別の商品をお届けしてしまい、申し訳ありませんでした。

用法 **不注意で**のように、過失の要因をひと言で示す表現です。弁明するフレーズとも言えます。**心得違い**は、思いあやまり、勘違いのこと。
効用 思い違いということで、「悪気はなかったのです」という思いを含められます。

参 「不注意で」 ➡P.55

言い換え

誤解がございまして

(例) 書類の受け渡し方法について**誤解がございまして**、お届けが遅れてしまいました。

誤解も**心得違い**の同義語で、同じ使い方ができます。「悪気はない」と思わせることを期待できる反面、言い訳っぽい印象を生むことも。言葉の印象としては、「誤った理解」という字面から、**心得違い**よりは落ち度が大きいようにとられるかもしれません。

言い換え

勘違いしてしまいまして

(例) 打ち合わせの時間を2時からと**勘違いしてしまいまして**、あわててご連絡した次第です。

勘違いも**心得違い**の同義語で、思い違いや考え違いの意味です。他の2つに比較すると話し言葉としての印象が強くなります。「ついうっかりした」という感じを生み出します。

申し訳ありません ……… 失礼の程度 　[お詫び]指数 ▶ ☹

非礼このうえないことと

(例) 非礼このうえないことと、謹んでお詫び申しあげます。

用法 自分(自分側)の失態・過失を詫びる際に、「こんなことをして〜」と失礼のほどを表現して言うフレーズです。**非礼**は、礼儀に反すること。上司が部下の失態を詫びて言うときなどに使われます。

効用 「とんでもないことをした」という失態を自覚し、反省しているようすがうかがえます。

言い換え

礼儀知らずもはなはだしく ☹

(例) 礼儀知らずもはなはだしく、謹んでお詫び申しあげます。

礼儀知らずは、本来は非礼・失礼の同義語です。ただし、一般には、礼儀にそむくというよりも、未熟者で「未だ礼儀をわかっていなくて」という印象になりがちです。

言い換え

無礼千万なことと ☹

(例) 無礼千万なことと、謹んでお詫び申しあげます。

無礼もまた、非礼・失礼の同義語です。**千万**は、形容動詞や状態を示す名詞につけて、その程度のはなはだしいことを表します。自分(自分側)の失礼さをとくに強調することで、「申し訳なさ」を際立たせます。

続 「お詫び申しあげます」 ➡ P.45

申し訳ありません …… 過失の内容 [お詫び]指数 ▶

とんだ不始末をしでかしまして

(例) 当店の店員がとんだ不始末をしでかしまして、誠に申し訳ありませんでした。

用法 自分（自分側）の過失の内容を言い表す表現です。**非礼このうえない**〜のような過失のほどを示した表現とも言えます。**不始末**は、迷惑をかけるような行いをすること。**しでかす**はしてしまうことで、主に困ったことを起こしたときに使われます。
効用 起こしたことを自覚したうえで、困惑している状態をうかがわせます。

参 「非礼このうえないことと」 ➡ P.57

言い換え

とんだ失態を演じてしまいまして

(例) とんだ失態を演じてしまいまして、誠にお恥ずかしいかぎりです。

失態は、体裁を失うような失敗をすることを指していて、**失態を演じる**は紋切り型の表現です。ちょっとかっこう悪い失敗をしたときに使います。少々情けない感じが漂うので、場合によっては同情を誘う効果があるかもしれません。

言い換え

このようなことになり

(例) 今回はこのようなことになり、誠に申し訳ありませんでした。

詫びる内容として具体的なことをあげたり、**不始末**などのひと言で表したりせずに、**このよう**（此の様）で置き換えた表現になります。起こってしまったことを相手がわかっている前提で、余計なことを言わずに謝ってしまう方法です。

申し訳ありません ……… 過失の総括　[お詫び]指数 ▶ ☹

あってはならないことでした。

(例) 書類を改ざんするなど、あってはならないことでした。

用法 自分のした失敗をふり返って、総括して言うひと言です。相手をかなり怒らせた可能性がある失敗で、かなり厳しい状況のなかで使います。具体的な行為について言うときは、**してはならない**に置き換えられます。

効用 あってはならないと全否定することで、猛反省の姿勢を示せます。

言い換え

もってのほかでございました。 ☹

(例) 遅れてくるなど、もってのほかでございました。

もってのほか（以ての外）は、けしからぬこと、とんでもないことの意味で、口語でもよく使われる表現です。意味としては「**あってはならない**」くらい強く非難すべき行為・状況に使いますが、非難の調子は多少弱く聞こえる可能性があります。

言い換え

とんでもないことでした。 ☹

(例) データを流出するなど、とんでもないことでした。

とんでもないもまた、けしからん、もってのほかという意味で、「あるべきことではない」という気持ちで使用します。**とんでもない**には、思いがけない、考えられないという意味もあるため、自分自身にとっても「意外だった」というニュアンスが伝わってしまうかもしれません。

| 申し訳ありません | 反省 | [お詫び]指数 ▶ ☹ |

私の不徳の致すところです。

(例) システム障害を予測できなかったことは、私の不徳の致すところです。

用法 失敗に対し、自分の至らなさかげんを反省して言います。**不徳の致すところ**は、自分の徳（身につけた品性・人徳）が足りないことでよくない状況になったことを表す決まり文句です。
効用 反省の弁としては定番ですが、襟を正した実直な印象は表せます。

言い換え

私の至らなさが招いた結果です。 ☹

(例) 今回の件はすべて、私の至らなさが招いた結果です。

至らないは、注意などが十分に行き届かないことを示す表現で、自分（自分達）の失敗に際して使います。**監督不行き届き**などと同じく、部下の失敗を謝罪する場合にも使われるフレーズです。

言い換え

私の力不足です。 ☹

(例) 結果を出せなかったのは、ひとえに私の力不足です。

自分の至らなさを**力不足**という言葉で表現します。**不徳**という表現がややわかりづらいのに対して、ストレートに伝わる言い回しです。役割に対して、自分の実力や能力が足らなかったとことを反省して使います。

申し訳ありません ……………… 反省　［お詫び］指数 ▶ 😞

考えが及びませんでした。

(例) そこまでは考えが及びませんでした。

用法 自分の力量のなさ、注意の行き届かないことを反省して言うフレーズです。単に、「そこまで考えていなかった」ぐらいの意味で使われることも多々あります。
効用 「注意していたけど、予想を超えることが起こった」というニュアンスを含められます。

言い換え

気が回りませんでした。 😞

(例) 日付の変更までは気をつけていたのですが、時間のことまでは気が回りませんでした。

気が回るは、注意力や配慮が細かいところまで行き届くことを示す慣用句です。何かを見落とすなど、注意が足りなくて物事がうまく進められなかったときに使われます。

言い換え

不行き届きでした。 😞

(例) 管理者として、監督不行き届きでした。

不行き届きは**気が回る**の反対で、物事を進める過程で、気が利かないこと、注意が足りないことを言います。**監督不行き届きでした**は、管理職が部下の失態を詫びる際の決まり文句と言えます。

前文 / 本文

感謝
詫び
説明/弁明
依頼
問合せ
恐縮
祝福
感心
了解
断り
通覧
受領
退/転職
異動
移転
開店/開業
閉店/廃業
通知
採/不採用
案内
決意表明
催促
抗議
見舞い

末文 / つなぎの言葉 / 小技メールの

説明／弁明します …… 説明する意思表明　[弁明]指数 ▶ 😐

改めて説明申しあげます。

(例) **広告掲載品の品切れにつきまして、改めて説明申しあげます。**

用法 何らかの問題や誤解が発生し、弁明する必要が生じたときに使う表現です。説明に先立って言う宣言のような言葉として使われるほか、最後にまとめる締めの言葉としても使われます。
効用「説明を聞いてほしい」という意図をかしこまって表現できます。

言い換え

改めて釈明申しあげます。 😐

(例) **配送の遅延について、改めて釈明申しあげます。**

単に**説明**というよりも、「事情を理解してもらうための説明」という意味を含められる表現です。**釈明**は、自分の受けた誤解・非難などに対して、事情を説明して理解を求めること。

言い換え

改めて事情を述べさせていただきます。 😐

(例) **公演の中止について、改めて事情を述べさせていただきます。**

事情を述べることをへりくだって言う表現です。**〜させていただく**という表現は相手の許しを乞う形の謙譲表現になります。弁明の余地がほとんどない場合などに使われます。

| 説明／弁明します ………… 理由・原因説明 | [弁明]指数 ▶ 😠 |

〜いたしましたのは、…ためです。

(例) 誤送が発生いたしましたのは、アルバイト職員による点検ミスのためです。

用法 問題が発生した場合に、原因や理由を説明するために使う言い回しです。起こった結果（〜）を主語にし、それに至る根拠や理由（…）を**ため**を使って表現します。より丁寧に言うには、**ためでございます**。

効用 原因がはっきりしている場合に、要点が単刀直入に伝わります。

言い換え

実は…があり、〜が生じました。 😐

(例) 実はアルバイト職員による点検ミスがあり、誤送が生じました。

先に原因・理由（…）を提示し、生じた結果（〜）を述べる言い方です。**実は**という表現に、「本当のことをうち明けて言うと……」といった感じを含ませることができます。

言い換え

…は、〜によるものと判明いたしました。 😐

(例) 調査いたしましたところ、商品の誤送は、取扱い運送店の誤配によるものと判明いたしました。

原因・理由を客観的に伝える表現です。調査などによって**判明した**という言い方で、主観によるものでなく客観的な事実を述べているように表現されます。

説明／弁明します ……… 理由・原因説明　［弁明］指数 ▶

やむなく～に至った次第でございます。

(例) 商品パッケージが変更になったため、やむなく写真をさしかえるに至った次第でございます。

用法 自分（自分側）の非を指摘されてその非を認める場合に、原因としてやむを得ない事情があったことを説明するときに使うセンテンスです。事情（理由）の後に、続ける形で使います。
効用 不可抗力であったことを表現できます。

言い換え

～することを避けられませんでした。

(例) 写真をさしかえることを避けられませんでした。

起こった結果を避けられなかったと結論づけることで、「やむを得なかった」という状況を説明した言い回しです。「避けたい」という気持ちがあったができなかった、というニュアンスが含まれます。

言い換え

～ざるを得ませんでした。

(例) 説得の甲斐なく、写真をさしかえざるを得ませんでした。

これも、「しないわけにはいかなかった」という意味の言い回しです。他の選択肢をとることはできなかった状況を強調します。

説明／弁明します ……… 認識の確認　[弁明]指数 ▶

ご存じかと思いますが

(例) ご存じかと思いますが、原油価格の高騰のため、輸送費の削減が難しい状況になっております。

用法 説明の前提となる共通認識を書き記す場合に使います。**存じ**は、知っていること、その尊敬語が**ご存じ**。相手がどの程度認識しているかわからない場合でも使えます。
効用 相手に「そんなこと知っているよ」という不快感を与えることを回避します。

言い換え

おわかりかと存じますが

(例) 進行表をご覧くださればおわかりかと存じますが、今月は2号分の制作進行が重なっております。

場合によっては、「当然知っているでしょう」と念押しするようなニュアンスがプラスされるかもしれません。わかっているという確信が比較的強いときに使われます。

言い換え

ご承知いただいていると思いますが

(例) ご承知いただいていると思いますが、メーカーの商品発売延期が相次ぎ入手が困難になっております。

こちらの状況を理解「してもらっている」というへりくだった言い方です。理解されていないかもしれない状況で、遠慮がちに説明する場合などに使われます。

前文 / 本文

感謝
詫び
説明/弁明
依頼
問合せ
恐縮
祝福
感心
了解
断り
通覧
受領
退/転職
異動
移転
開店/開業
閉店/廃業
通知
採/不採用
案内
決意表明
催促
抗議
見舞い

末文 / つなぎの言葉 / メールの小技

説明／弁明します …… 事実の断定　　[弁明]指数 ▶

～していたことは間違いありません。

(例) 担当者が発注ミスをしていたことは間違いありません。

用法 内容を断言するフレーズです。事実確認しながら説明するときに使われます。また、相手の指摘を認める場合にも利用される言い回しです。

効用 事実であるという主張や確認がゆるぎない感じになります。

言い換え

～していたことは紛れもない事実です。

(例) 間違った商品が届いていたことは紛れもない事実です。

紛れもない事実もまた、内容を強く言い切る表現です。反論を寄せつけない印象が生まれます。

言い換え

確かに～していました。

(例) 8月までは、確かにのんびりしていました。しかし、9月以降は急速に制作スピードをあげました。

これも事実を確認する表現ですが、断定の度合はやや弱い感じになります。後に続く反論の前提として使われることも多々あります。

説明／弁明します ………… 説明する理由　　[弁明]指数 ▶ 😖

誤解なさっているようですので

(例) 誤解なさっているようですので、改めて説明申しあげます。

用法 相手が誤解していると思われるとき、それを解く説明をする際に使われるフレーズです。何故説明（弁明）するのかの理由として示しています。

効用 丁寧な言い方ですが、相手の考えを「それは誤解」とはっきりさせて説明に入れます。

言い換え

ご説明が不十分だったこともあるかと存じますので 😊

(例) ご説明が不十分だったこともあるかと存じますので、改めて事情を述べさせていただきます。

自分の説明不足のせいで誤解・理解不足が生じたという立場をとった言い方です。へりくだったもの言いで相手に十分配慮する一方で、相手に誤解があることを伝えられます。

言い換え

行き違いがあったように思いますので 😐

(例) 行き違いがあったように思いますので、改めて説明申しあげます。

行き違いは、意思の疎通がうまくいかず、くい違うこと。どちらのせいということもなく、比較的対等な立場で言う言い方です。

続 「改めて説明申しあげます」 ➡ P.62

説明／弁明します …………… 反意の表明

[弁明]指数 ▶

判然としない点もございます。

(例) ご指摘いただいた商品の不備について調査いたしましたが、なお、判然としない点もございます。

用法 相手に対して、異を唱えるときに使う言い回しです。**判然**は、はっきりしていることで、意図や論旨がはっきりわからないときに、否定形で使われます。たとえば、一方的に自分（側）の非を責められた場合で、その根拠に疑問があるときなどに使われる表現です。

効用 「納得いかない」という気持ちを、遠回しに伝える場合にも使えます。

言い換え

腑に落ちない部分も多々ございます。

(例) 売れ行き好調なのは何よりですが、販売方法については腑に落ちない部分も多々ございます。

腑に落ちないは、納得がいかないことを意味する慣用句です。結果として相手の言い分に反意を唱えることが多くなりますが、角を立てないように気遣った印象になります。

言い換え

割り切れない気持ちが残ります。

(例) 対処法としては適切だと思いますが、何か割り切れない気持ちが残ります。

割り切れるは、すっきり納得・了解できることで、主に打ち消す形で使われます。**腑に落ちない**と同じような意味で、「納得いかない」気持ちを示す表現です。**気持ちが残ります**という表現を組み合わせることで、反意は控えめになります。

説明／弁明します ………… 進行状況報告 [弁明]指数 ▶ 😐

鋭意作業を進めております。

(例) 完成に向けて、鋭意作業を進めております。

用法 作業等の進行状況を尋ねられたときに説明に使う常套句です。「一生懸命進めています」という意味になります。鋭意は、心を集中して励む・がんばることで、例の文や**鋭意努力中です**のように副詞的に使われます。
効用 具体的なことには言及せず、「がんばってます」という気持ちだけを伝えられます。

言い換え

作業に専心しております。 😐

(例) 食事をとるのも忘れるほど、作業に専心しております。

専心は、心を集中してひとつのことを行うこと。なまけたり、他のことをしたりせずに、この作業に専念している気持ちを表現します。

言い換え

脇目もふらず進行中でございます。 😀

(例) 目下、脇目もふらず進行中でございます。

上の例と同じ意味ですが、表現はよりオーバーかもしれません。**脇目もふらず**は、気を散らさずにひとつのことに熱中することを表す慣用句です。

> 📝 メモ　進行を尋ねられて答えを返す場合、こうした表現は言葉半分に受け取られるのが現実です。

説明／弁明します　……………　状況報告　［弁明］指数 ▶

残念ながらその成果があがっているとは言えません。

(例) かねてから普及を推進して参りましたが、残念ながらその成果があがっているとは言えません。

用法 作業の進行状況や首尾を尋ねられた場合に説明するひと言で、あまり結果がかんばしくない場合に使います。

効用 自分のことを言っていても、人ごとのように聞こえる感じもあります。

言い換え

思うようにいかないのが実情でございます。

(例) 関係者の歩調があわず、思うようにいかないのが実情でございます。

作業などがあまりうまく進行していないことを遠回しに伝える言い方です。**思うようにいかない**という表現は、それが自分だけではない他の要因によることを含ませることができます。

言い換え

あまり進展はしておりません。

(例) 捜査は、あまり進展はしておりません。

成果があがっていないことを、ストレートに伝える言い方です。**進展**は、状況が進行・発展すること。状況を客観的に伝える場合や、潔く報告したほうが得策と思われるときに使われます。

説明／弁明します ……………… 理解を求む　[弁明]指数 ▶ 😠

ご理解いただきたくお願い申しあげます。

(例) 全く他意はないことをご理解いただきたく、お願い申しあげます。

用法 説明・弁明の内容について、相手の理解を求める表現です。これ以上の説明や対処が難しいときに、締めくくる言葉として使われます。語尾は、**お願い申しあげる次第です・存じます**などで置き換え可能です。
効用 先方の温情をくすぐって、反論を抑えられることを期待します。

言い換え

ご了解いただけますようお願い申しあげます。 😠

(例) 商品の特性上、やむを得ないことをご了解いただけますよう、お願い申しあげます。

やはり、相手にこちらの説明をわかってもらうようお願いするフレーズです。「わかる」だけでなく、それを「納得」のうえ受け入れるというニュアンスが生まれます。**了解**は、理解したうえで認めること。

言い換え

ご了承いただけますようお願い申しあげます。 😠

(例) 平日午後6時以降はご利用いただけませんので、あらかじめご了承いただけますようお願い申しあげます。

了承は、相手の事情をくんで承知すること。**了解**よりさらに、相手に承認してもらう意味あいが強くなります。**あらかじめ**と組み合わせて、事前に条件提示する際によく使われます。

お願いします ……… ○○を依頼

[依頼]指数 ▶

〜していただけませんでしょうか。

(例) 納期を2〜3日延ばしていただけませんでしょうか。

用法 〜していただくは何らかのお願い事をする場合の基本的な言い回しで、相手に問いかける形で依頼します。問いかけてはいるものの、意味としては「〜してほしい」と要請する表現です。いただくは〜してもらうの謙譲語。
効用 同じ文面で頻出すると、くどい感じになります。

言い換え

〜願えませんでしょうか。

(例) 日本語の歴史についてのお話を、お聞かせ願えませんでしょうか。

同じく、問いかけ型の依頼表現です。文書内で〜いただくが続いてリズムがよくない場合などに、置き換えて使えます。

言い換え

〜していただきたいのですが、お願いできますか?

(例) 1週間で完成させていただきたいのですが、お願いできますか?

問いかけ型の応用型です。お願いできますか?は丁寧に表現すると、お願いできますでしょうか? これらは、本当に諾否を問う場合にも使われますが、一方で、両者の関係によっては、半ば強制しているように聞こえる場合もあります。

| お願いします | ……………… ○○を依頼 | [依頼]指数 ▶ |

（〜いただきたく）お願い申しあげます。

(例) ご紹介いただきたく、お願い申しあげます。

> **用法** 文字どおり、お願いを申しあげるという依頼表現の基本形です。前に組み合わせる言葉としては、**〜いただきたく・〜賜りたく・〜くださいますよう**などがあげられます。
> **効用** お願い申しあげます自体は、どんな内容の文面にも登場する表現のため、強く依頼したい場合は、**賜りたく**などの敬語表現や**切に**などの修飾語を組み合わせたほうが効果的です。

「切にお願い申しあげます」➡P.74

言い換え

（〜いただきたく）ご依頼申しあげます。

(例) 至急見積書をご送付いただきたく、ご依頼申しあげます。

> 依頼事、お願い事がある意図がよりはっきりします。「ちょっとお願いしたい」というニュアンスではなく、仕事などで「正式に依頼する」という印象が強くなります。

言い換え

（〜いただきたく）存じます。

(例) 来年度の採用予定について、教えいただきたく存じます。

> ここでの**存ずる**は思うの謙譲語。〜していただきたく思いますと同じ意味です。控えめな表現に聞こえますが、他と同様に使い方によっては強制力をともなう言い切り表現になります。

前文 | 本文

感謝
詫び
説明/弁明
依頼
問合せ
恐縮
祝福
感心
了解
断り
通覧
受領
退/転職
異動
移転
開店/開業
閉店/廃業
通知
採/不採用
案内
決意表明
催促
抗議
見舞い

末文 | つなぎの言葉 | メールの小技

お願いします ……………… 依頼の深刻さ　　[依頼]指数 ▶ 😟

切にお願い申しあげます。

(例) ご理解賜りますよう、切にお願い申しあげます。

> 用法 「どうしてもお願いしたい」という気持ちを伝えるときに使用します。ひととおり依頼内容を説明したうえで、文末でたたみかけるようにして使います。**切には**「心をこめて」の意味。
> 効用 形式化した「なにとぞ」よりは切実さが伝わります。

言い換え

伏してお願い申しあげます。　　😟

(例) ご支援、ご鞭撻(べんたつ)のほど、伏してお願い申しあげます。

> これも懇願の度合いを強める表現で、本来は「ひれ伏して」もお願いしたいほどの気持ちです。用法は**切に**と同様で、意味としては**くれぐれも**に置き換えられます。

言い換え

懇願申しあげます。　　😟

(例) よろしくお取り計らいくださるよう、懇願申しあげます。

> **お願い**を**懇願**に置き換えることで、お願いする気持ちの強さを表現できます。**懇願**は「切に願う」こと。頼み込んでいる印象が強くなります。

お願いします ・・・・・・・・・・・・・・ 依頼時の恐縮　[依頼]指数 ▶ 😣

誠に厚かましいお願いとは存じますが

(例) 誠に厚かましいお願いとは存じますが、お話を聞かせていただきたくお願い申しあげます。

> **用法** お願い事を切り出す前や、最後に重ねてお願いする文句のなかで使う言い回しです。「ずうずうしいことは自覚していますが」という内容ですが、文書のなかでは「すみませんが……」くらいのニュアンスでも使われます。
> **効用** メール文のなかでは、形式化して使われる書状よりも深刻にとられる可能性があります。

言い換え

このようなことを申し出ましてご迷惑とは存じますが 😣

(例) このようなことを申し出ましてご迷惑とは存じますが、なにとぞご協力のほどよろしくお願いいたします。

> **このようなことを申し出まして**という言い回しからお願い事の重さが感じられます。**ご迷惑とは存じますが**だけでも成り立つので、相手への負担の度合いを考慮して使い分けます。

言い換え

身勝手きわまる申し入れとは承知しておりますが 😣

(例) 身勝手きわまる申し入れとは承知しておりますが、完成まで1週間の猶予をいただきたくお願いいたします。

> これまた**身勝手きわまる申し入れ**という表現が依頼事の深刻さを示しています。たとえば、借金の申し入れやいったん引き受けた仕事の延期・中止といった相手に大きな負担を強いるもの、またこちらに非がある事柄に関して使われます。

続「(〜いただきたく) お願い申しあげます」➡P.73

お願いします ー 依頼時の恐縮

[依頼]指数 ▶

誠に申しかねますが

(例) 誠に申しかねますが、取引条件の見直しを実施いたしたくお願い申しあげます。

用法 誠に厚かましい〜と用法は同じです。依頼する心苦しさを表すと同時に、その内容が「言い出しづらい」「頼みづらい」内容である場合に使われます。値下げ交渉などで使用される表現です。

効用「お願いしてもよいものか……」という葛藤を、形式的ではあっても含ませることができます。

参 「誠に厚かましいお願いとは存じますが」→P.75

言い換え

お願いするのは忍びないことですが

(例) お願いするのは忍びないことですが、別の案を出していただきたく存じます。

忍びないは、耐えられないという意味。「自分としてはお願いするのは耐えられない」という内容ですが、値下げ交渉など相手への同情を含ませた意味でも使われます。

言い換え

ご迷惑をおかけするのは心苦しいのですが

(例) ご迷惑をおかけするのは心苦しいのですが、場所を変更していただきたくお願いいたします。

同じく、相手に負担を強いることへの**心苦しさ**を表現したものですが、**ご迷惑**の度合いはさまざまで、比較的幅広く使われます。形式的にとれば、「お手数をおかけしてすみませんが」くらいの意味です。

続 「(〜いただきたく) お願い申しあげます」→P.73

お願いします ………… 「お願い」の形容　　[依頼]指数 ▶

ぶしつけなお願いで

(例) **ぶしつけなお願いで恐縮なのですが、講師陣としてご参加いただくことはできませんでしょうか。**

用法 「お願い」することを形容する表現です。**ぶしつけ**は「無作法、無礼」なこと。**誠に厚かましい〜**などと同様、「こんなことをお願いして、申し訳ありません」と思う気持ちを示す意図で使われます。

効用 比較的簡潔な言い回しのため、メール向きかもしれません。

参 「誠に厚かましいお願いとは存じますが」 ➡P.75

言い換え

誠に勝手なお願いで

(例) **誠に勝手なお願いで失礼かと存じますが、環境問題についてご教示いただきたくお願いいたします。**

ぶしつけなお願いよりも日常使う表現に近くわかりやすいぶん、**勝手なお願い**というマイナスのイメージも伝わりやすくなります。実際には、「本当にすみませんけど……」くらいの意味でも使われます。

言い換え

唐突なお願いで

(例) **唐突なお願いで恐縮なのですが、ぜひ一度お目にかかりたくお願い申しあげます。**

唐突は、だしぬけ・突然のこと。たとえば畑違いのことをインタビューするなど、本来お願いするには順当ではない人に依頼する場合や、突発的な需要が生じて時間に迫られている状況でお願いする場合に使います。

お願いします ー 依頼の理由　[依頼]指数 ▶

このうえは〜様におすがりするほかなく

(例) このうえは山田様におすがりするほかなく、お願い申しあげる次第です。

用法 その人に頼まなければ後がないくらいの切迫した状況で使われる表現です。借金の依頼や重要なポジションを引き受けてもらうお願いといったケースで使われます。**おすがりする**が大げさすぎる場合は、**お願いする**への置き換えも可です。

効用 「あなただからお願いできる」という自尊心をくすぐる一方で、依頼内容によっては切羽詰まったようすが強調される可能性があります。

言い換え

他に頼るところもございませんので

(例) 他に頼るところもございませんので、再度ご指導いただけると幸いです。

意味としては上の例と同じですが、やや消極的な表現です。「他に手だてがない」といった苦渋の感じがにじみます。同様の言い回しに**他に心当たりとてなく**といった表現もあります。

言い換え

お頼みできるのは〜様だけですので

(例) 実情を打ち明けてお頼みできるのは山田様だけですので、どうかお助けください。

切羽詰まった深刻な状況だけでなく、どうしても相手に仕事を引き受けてほしい場合などの殺し文句としても使われます。「あなただけが頼りです」といったニュアンスです。

| お願いします ……………… 同情を誘う | [依頼]指数 ▶ |

なにとぞ内情をお汲み取りいただきまして

(例) なにとぞ内情をお汲み取りいただきまして、ご検討くださいますようお願いいたします。

用法 依頼の背景に、やむにやまれぬ事情があることをにおわせて使います。**内情**は「内部の事情」で、「表だって詳しく説明できないけど……」といったニュアンスにもとれます。依頼のほか、断りや辞退の文面のなかでも使われる言い回しです。
効用 お願いせざるを得ない状況を、詳細は語らないままでも訴えることができます。

言い換え

なにとぞ事情をご賢察のうえ

(例) なにとぞ事情をご賢察のうえ、ご承諾いただけますようお願いいたします。

賢察は推察することの尊敬語。上の例よりもこの言い回しのほうが形式的に聞こえるかもしれません。同じく、辞退する内容や不採用通知の常套句としても使われます。

言い換え

なにとぞ窮状をお察しいただき

(例) なにとぞ窮状をお察しいただき、ご協力くださいますようお願いいたします。

内情や**事情**に対して**窮状**を用いた場合、訴えはより切迫した印象になります。**窮状**は、困り果てている状態のこと。相手に対するプレッシャーはより強くなります。**お察しいただき**は、**お汲み取りいただき**・**ご賢察**と同意。

参 「なにとぞ事情をご賢察のうえ」（お断りします） ➡P.115

お問い合わせします … 照会や質問

[問合せ]指数 ▶ 😦

おうかがい[いたします／申しあげます]。

(例) 進行状況について、おうかがいいたします。

用法 相手に対して、何事か問い合わせる場合に使うスタンダードな表現です。ここでのうかがうは「聞く・尋ねる・問う」の謙譲語。つかぬことをおうかがいしますが……など、使い方はいろいろです。
効用 へりくだった表現で、ソフトな印象になります。

言い換え

ご照会[いたします／申しあげます]。 😦

(例) 手続き上さしつかえないか、ご照会申しあげます。

照会は「問い合わせ」の意味で、このセンテンスは**お問い合わせいたします**と同意です。在庫の有無や荷物の帰着、支払いの有無など、業務に関わる内容を問い合わせる場合によく使用されます。

言い換え

お問い合わせ[いたします／申しあげます]。 😦

(例) イベントの内容について、お問い合わせいたします。

ご照会申しあげますを平たくした言い方です。**ご照会いたします**がややビジネスライクな印象となるのに対して、この表現は内容を問わず比較的幅広く使用できます。

言い換え

> お尋ね[いたします／申しあげます]。 😐

(例) 商品について担当の方にお尋ねいたします。

> **尋ねる**を使用した場合、「質問する」というニュアンスが強くなります。下記の点について、**お尋ねいたします**など、文面の最初で（何について／誰に）質問があるかを伝えるような形でよく使用されます。

言い換え

> お教えいただきたく存じます。 😐

(例) 手続き方法についてお教えいただきたく存じます。

> 事務的な問い合わせにも使用しますが、「教えを乞う」というニュアンスが加わった、へりくだった言い方になります。そのため、相手に手数をかける問い合わせや、特別な情報を教えてもらう場合などに使われます。

言い換え

> お聞かせいただきたく存じます。 😐

(例) ご感想やご意見・ご希望をお聞かせいただきたく存じます。

> この場合の**聞く**も「問う・尋ねる」の意味ですが、事務的な項目に対する回答を求めるというよりも、意見や話を聞くような場合によく使われます。

サイドバー: 前文 / 本文 / 感謝 / 詫び / 説明/弁明 / 依頼 / 問合せ / 恐縮 / 祝福 / 感心 / 了解 / 断り / 通覧 / 受領 / 退/転職 / 異動 / 移転 / 開店/開業 / 閉店/廃業 / 通知 / 採/不採用 / 案内 / 決意表明 / 催促 / 抗議 / 見舞い / 末文 / つなぎの言葉 / メールの小技

お問い合わせします ……… 確認を求む

[問合せ]指数 ▶ 😦

～について改めて確認したい点がございますので

(例) 諸条件について改めて確認したい点がございますので、以下3点についてお教えいただけると幸いです。

用法 特定のテーマについて照会（問い合わせ）する場合に、それを強調していう言い回しです。
効用 焦点とする部分（～）に、何らかの疑問・不審を抱いていることを含ませられます。

言い換え

～について今一度確認させていただきたく 😐

(例) ご注文内容について今一度確認させていただきたく、ご照会いたします。

過去に取り上げられた事柄について、再度問い合わせる場合に使われます。やりとりの履歴を思い起こさせると同時に、念を押して尋ねていることを印象づけられます。

言い換え

～について把握したく 😦

(例) 業務内容、支払い条件等について把握したく、おうかがい申しあげる次第です。

確認したいということを**把握**という言葉に置き換えた言い方です。**把握**は「しっかり理解する」意味ですが、確認よりも焦点が絞られていない印象になります。複数の項目やテーマ全般を指して尋ねる場合などに使われます。

お問い合わせします ………… 返事の依頼

[問合せ]指数 ▶

折り返しご返事をいただきたくお願い申しあげます。

(例) 詳細が決まりましたら、折り返しご返事をいただきたくお願い申しあげます。

用法 問い合わせた内容について、返答を求める言い回しです。
折り返しは電話などでもよく使われる表現で、「返事・返答を、間をおかずにすぐする」さまです。「すぐに返事がほしい」という意味になります。
効用 やんわりと「即答を望む」旨を伝えられます。

言い換え

ご回答いただければ誠にありがたい次第です。

(例) 以上の点について、ご回答いただければ誠にありがたい次第です。

上の例よりも強制力が弱くなった表現で、文字どおりにとらえれば「回答してもらえると助かります」といった意味になります。
ただし仕事上のやりとりでは、いかに控えめな表現であっても、回答を強制していることがほとんどです。

言い換え

なにぶんのご返事をお待ちしております。

(例) 恐れ入りますが、なにぶんのご返事をお待ちしております。

何度か問い合わせたのに返事が返ってこない場合や、返答しづらい内容を尋ねた場合に使う言い回しです。**なにぶん**（何分）は、「いくらか・何らか」の意味。

お問い合わせします …………… 対応を求む　[問合せ]指数 ▶

ご一報くださいますようお願い申しあげます。

(例) 納品の予定について、ご一報くださいますようお願い申しあげます。

用法 やはり、問い合わせた内容について、返答を求める言い回しです。**一報**は「一度／簡単に知らせること、その知らせ」の意味で、あまり複雑な回答を求めない場合に使用されます。
効用「簡単でいいので、とにかくご連絡ください」といった感じが表現できます。

言い換え

ご内報賜りたくお願い申しあげます。

(例) 恐れ入りますが、以下の項目についてご内報賜りたくお願い申しあげます。

内報はひそかに知らせること、内々の知らせのこと。入社志望者の前勤務先での状況や新規取引先の評判を尋ねる場合など、内密のことについて問い合わせ、回答を求める場合に使います。

言い換え

ご善処いただきたくお願い申しあげます。

(例) 商品が未着ですので、至急ご調査のうえ、ご善処いただきたくお願い申しあげます。

善処は状況に応じてしかるべき処置をすること。問い合わせた内容について、回答するだけでなく何らかの対処を求める場合などに使います。たとえば、注文した商品が届かないときに、納期を確認すると同時にすみやかな発送を望む場合など。

前文 | 本文（感謝・詫び・説明/弁明・依頼・**問合せ**・恐縮・祝福・感心・了解・断り・通覧・受領・退/転職・異動・移転・開店/開業・閉店/廃業・通知・採/不採用・案内・決意表明・催促・抗議・見舞い）| 末文 | つなぎの言葉 | メールの小技

お問い合わせします ……… 状況を探る　　［問合せ］指数 ▶ 😡

いかがでしょうか。

(例) **工事の進行状況はいかがでしょうか。**

> **用法** 先方の状況を尋ねたり、こちらの提案について意見を聞くなど、広い範囲で使える表現です。**いかが（如何）**は、「どんなふう・どのように」の意味。
> **効用** 婉曲にうかがいをたてている印象で、状況をあやぶむ感じも表現できます。

言い換え

いかが相成っておりますでしょうか。 😐

(例) **現金書留にて代金1500円をお送り致しましたが、いかが相成っておりますでしょうか。**

> 同じ**いかが**を使った言い回しです。**相成る（あいなる）**はなるのあらたまった言い方。先方の回答なり対処が遅れているケースで使うと、少し「問い質す」感じが入った表現になります。

言い換え

どのようになっているのでしょうか。 😐

(例) **御社の料金体系はどのようになっているのでしょうか。**

> 問い合わせる言い方としては、よりストレートな表現です。顧客の立場で、企業に対して率直に尋ねる場合など普通に使われる表現ですが、文脈によっては「どうなっているのですか！」と怒っているような感じにもなり得ます。

恐縮です　………… 謝罪・感謝時の恐縮　　[恐縮]指数 ▶

恐縮しております。

(例) お心づくしの品をいただき、大変恐縮しております。

用法 恐縮する気持ちを示すそのままの表現。**恐縮**は、相手から厚意を受けることや、相手に迷惑をかけることに対して申し訳ないと思うことです。恐縮する表現は、お礼、お願い（依頼）、お詫びなどに使われます。
効用 恐れ入ることで相手への敬意を表し、感謝や謝罪などの本来の主旨を補強します。

言い換え

恐れ入ります。

(例) ご心配をおかけして、恐れ入ります。

ここでの**恐れ入る**は、**恐縮**と同じく、相手の厚意に対してありがたいと思うこと、自分の過失に対して申し訳なく思うことです。お願い事をする際の前置きとしても、**恐れ入りますが**はよく使われます。

📖 「お願いします」 ➡ P.72〜79

言い換え

痛み入ります。

(例) ご親切、痛み入ります。

痛み入るもまた、**恐縮する**という意味ですが、主に感謝の気持ちを表すシーンで使われます。相手の親切や厚意に対して恐縮する気持ちを示す言葉です。

恐縮です ……………… 謝罪・感謝時の恐縮　　［恐縮］指数 ▶

恐縮至極に存じます。

(例) 格別のご配慮をいただき、誠に恐縮至極に存じます。

用法 すごく恐縮している気持ちを表す表現です。**至極**は、「このうえなく〜だ」という意味を表しています。身に余る厚意や大変な迷惑をかけてしまった場合などに使用されます。
効用 恐縮の度合を高めて表現することで、感謝やお詫びの気持ちが強調されます。

言い換え

かたじけなく思います。

(例) お心遣い、かたじけなく思います。

かたじけないは、過分な厚意に対して恐れ多い、もったいないと思うこと、またありがたいと思う気持ちを表しています。感謝の気持ちを表す文面で使用する恐縮の言葉です。

言い換え

心苦しいほどです。

(例) こんなに親切にしていただいて、心苦しいほどです。

心苦しいを**恐縮**する文面で使用するときは、相手にすまない、申し訳ない気持ちがする意味になります。やはり、身に余る厚意や親切などに対して使われます。

前文 / **本文** / 末文

本文項目: 感謝 / 詫び / 説明/弁明 / 依頼 / 問合せ / **恐縮** / 祝福 / 感心 / 了解 / 断り / 通覧 / 受領 / 退/転職 / 異動 / 移転 / 開店/開業 / 閉店/廃業 / 通知 / 採/不採用 / 案内 / 決意表明 / 催促 / 抗議 / 見舞い

末文: つなぎの言葉 / メールの小技

恐縮です …… 依頼前の恐縮

[恐縮]指数 ▶

お忙しいところ恐れ入りますが

(例) お忙しいところ大変恐れ入りますが、ご確認のほどよろしくお願いいたします。

用法 相手に手間をとらせるシーンで常套句となる**恐縮**の言葉です。相手の多忙を配慮して**恐れ入り**つつ、用件を伝えるというお決まりのスタイルです。

効用 決まり文句なので、相手はこのセンテンスが登場した瞬間に何らかの「頼み事」があると認識できます。

📝メモ **恐れ入りますが**の前に**誠に・大変**をつけることで、度合を高められます。

言い換え

ご多用中はなはだ恐縮でございますが

(例) ご多用中はなはだ恐縮でございますが、ご出席を賜りたくお願い申しあげます。

ここでの**多用**は、用事が多く忙しいこと。**お忙しいところ**を置き換えて使います。**お忙しいところ**が日常でもよく使われるのに対して、**ご多用中**という表現は式典での挨拶や儀礼的な挨拶状などでよく使用されます。

言い換え

ご多忙のところ申し訳ないのですが

(例) ご多忙のところ大変申し訳ないのですが、打ち合わせの時間をとっていただきたく、お願い申しあげます。

日常的に使える表現です。社外の相手だけでなく社内の目上の人に対しても使われます。恐縮する気持ちを**申し訳ないのですが**で表現し、用件を切り出します。

恐縮です ……… でしゃばりに対する恐縮　　［恐縮］指数 ▶

僭越(せんえつ)ながら

(例) 僭越ながら、個人的な意見としてひと言申しあげます。

用法 相手に対して何らかの意見を言う場合などに、ことわって言う言い方です。**僭越**は、自分の立場や権限を越えて出過ぎたことをすることです。「私はそのような立場にありませんが……」と恐れ入る言い方です。
効用 出過ぎたことをする前提で言う言葉なので、**恐縮する**度合はさほど強くないように見えます。

言い換え

出過ぎたまねをするようですが

(例) 出過ぎたまねをするようですが、私でお役に立てることがあればと思い、ご連絡した次第です。

やはり、出過ぎたことをする際に、あらかじめ言う言葉です。**出過ぎる**は、さしでがましい言動をすることで、**出過ぎたまね**は決まり文句として使われます。

言い換え

恐れ多いことですが

(例) 恐れ多いことですが、ひと言だけ申しあげます。

恐れ多いは、身分の高い人や尊敬する人に対して、失礼にあたるので申し訳ないという気持ちです。出過ぎたことをするときのことわりとしては、最大限**恐縮**したものになります。

恐縮です …… 謙遜による恐縮　　[恐縮]指数 ▶

はなはだ未熟ではございますが

(例) はなはだ未熟ではございますが、重責を果たすべく全力を尽くす所存でございます。

用法 重要なポストに就いたり、何らかの大切な役割を担った際に、自分を謙遜して言う言い方です。**未熟**は学問や技術が習熟していないことで、役割に対して「自分はまだ一人前ではないけど」という気持ちで言います。
効用 謙遜する表現で恐縮することで、与えられたことが**身に余る光栄**であることも表現できます。

言い換え

微力非才の身ではございますが

(例) 微力非才の身ではございますが、任務に誠心誠意努力いたす覚悟です。

微力は自分の力量を、**非才**は自分の才能をへりくだって言う言葉で、役職就任の挨拶などで使われる常套句です。2つの組み合わせは**非才微力**と入れ換えた形でも使われます。

言い換え

浅学非才の身にございますが

(例) 浅学非才の身にございますが、全力で進んでまいりたいと存じます。

浅学（せんがく）は学識の浅いことで、自分のことをへりくだって言う言葉です。**微力非才**と同じように**非才**と組み合わせて使います。たとえば、就任挨拶などで、大役に恐縮する気持ちを表して使われます。

恐縮です ……… 謙遜による恐縮 　[恐縮]指数 ▶ 😔

身に余る光栄と

(例) **新人賞をいただけるとは、身に余る光栄と感激いたしております。**

用法 ほめ言葉や物などの褒賞を与えられたとき、重要な役割を担ったときなどに、恐縮して言う言い方です。**身に余る**は、自分に対する厚意や処遇が過分であることを言い、**身に余る光栄**は厚遇に対する常套句となっています。

効用 身分不相応を謙遜すると同時に、厚遇に対するありがたい気持ちを表現できます。

言い換え

私にはもったいないことと 😔

(例) **いつも応援していただき、私にはもったいないことと感謝の気持ちでいっぱいです。**

もったいないは**身に余る**をわかりやすく言った表現で、やはり身分不相応に厚遇を受けたようすを表現しています。褒賞をもらったとき、重要な役目を与えられたとき、または熱い支援を受けたときなどに使われます。

言い換え

恐れ多いことと 😔

(例) **わざわざお祝いの品を頂戴するとは、恐れ多いことと恐縮しております。**

P.89と同じ**恐れ多い**ですが、ここでの意味は身分の高い人に対して、自分の身には大変ありがたくて、もったいないという意味を表します。やはり、自分への厚遇に対して恐縮する、恐れ入る意味で使われます。

📖 「恐れ多いことですが」 ➡P.89

おめでとうございます … 祝福の言葉

[祝福]指数 ▶ 😊

誠におめでとうございます。

(例) ご栄転、誠におめでとうございます。

用法 お祝いの内容・相手との親密度を問わず、使用される万能表現です。書状でなく、メールで即座に送るお祝いの言葉としては、もっとも使いやすい表現でしょう。
効用 丁重な美辞麗句より、お祝いの気持ちが率直に伝わります。

言い換え

心からお祝い申しあげます。 😊

(例) 無事ご開業の由、心からお祝い申しあげます。

かしこまったお祝い表現ですが、口語としても（スピーチなどで）使われる言い回しです。開業、創立記念など、対企業宛のお祝いの言葉としてはスタンダードな表現になります。

言い換え

心よりご祝詞申しあげます。 😊

(例) 内親王さまのご誕生、心よりご祝詞申しあげます。

お祝い申しあげますと同様の使い方ができ、格調高い響きがあります。**祝詞**は、**祝辞**と同じくお祝いを述べる言葉。この表現は祝賀状の文例として登場しますが、使用頻度はあまり高くありません。

おめでとうございます ………… 共に祝福　　[祝福]指数 ▶ 😊

慶びに堪えません。

(例) 今回の作品で賞を受賞されましたこと、慶びに堪えません。

用法 おめでとうございます等の祝福の言葉（基本形）に組み合わせて使われます。相手のお祝い事を自分のことのように喜ぶ形で祝意を示す表現です。

効用 相手との関わり・連帯感をアピールしながらお祝いの気持ちを表現できます。

言い換え

心からお喜び申しあげます。 😊

(例) この度のご就任、心からお喜び申しあげます。

自分が喜んでいるという表現であると同時に、お祝いの言葉を申しあげるという意味にもとれます。上の例よりも一歩引いた印象の表現ですが、儀礼的な文書では比較的よく使われる表現です。

言い換え

誠に悦ばしい思いでございます。 😊

(例) 昇任試験に無事合格されましたこと、誠に悦ばしい思いでございます。

「本当に喜んでいる＝お祝いしている」気持ちがよりストレートに伝わる表現です。**本当に悦ばしく思います**と言い換えることもでき、相手との関係（親密度）に応じて応用できます。

> **メモ**　「よろこぶ」には「慶ぶ・喜ぶ・悦ぶ」をはじめとする異字同訓があり、漢字それぞれがもつニュアンスには本来微妙な差があります。お祝いの言葉のなかでは、一般的によく使われる「喜ぶ」、お祝い事・慶事で好んで使われる「慶ぶ」の使用率が高くなります。いずれも「おめでたいこと」という意味を含む字です。

おめでとうございます ………… 共に祝福

[祝福]指数 ▶ 😊

誠に大慶に存じます。

(例) このたびは新雑誌のご創刊、誠に大慶に存じます。

用法 大慶はこの上もなくめでたいことで、お祝いの気持ちを丁重に表す表現です。挨拶状の前文で登場する「相手の繁栄を祝う」内容の形式表現のなかでも多く登場します。

効用 祝いの気持ちの大きさを大仰に表現できます。その一方、形式的な響きをともなう場合もあります。

言い換え

誠に慶賀に堪えません。 😊

(例) 皆様をこの会にお招きすることができ、誠に慶賀に堪えません。

慶賀は、祝い・喜ぶことで**祝賀**と同様の意味をもちます。祝意を丁寧に言い表す点で**大慶に存じます**と同じですが、こちらはより具体的な「祝い事」を指して使われます。

言い換え

誠にご同慶の至りに存じます。 😊

(例) 「新ビジネス研究学会」が開催されますことは、誠にご同慶の至りに存じます。

同慶は、お祝い事が「自分にとっても喜ばしいこと」という意味で、**喜ばしく思う**の慇懃(いんぎん)な表現です。たとえば、ビジネス上の規模の大きな祝い事や世間的に意味が大きい祝賀などに対して使用されます。

おめでとうございます … 関係者への配慮

[祝福]指数 ▶ 😊

皆様もさぞお喜びのことでございましょう。

(例) 新社屋の竣工、おめでとうございます。貴社の皆様もさぞお喜びのことでございましょう。

用法 周囲の人の喜びようを想像し、お祝い事の大きさを表現します。**おめでとうございます**といったお祝いの言葉と組み合わせて使うほか、**慶びに堪えません**などの共に祝福する言葉との組み合わせも可能です。

効用 周囲への配慮が感じられるとともに、喜びが波及する様も表現できます。

📖 「慶びに堪えません」 ➡P.93

言い換え

皆様のお喜びもいかほどかと拝察申しあげております。 😊

(例) 就職おめでとうございます。ご家族の皆様のお喜びもいかほどかと拝察申しあげております。

より丁寧な表現です。**拝察**は察することの謙譲語。喜びのほどをおしはかり、はかり知れないほど大きかろうと察することで、祝い事のめでたさが強調されます。入学・卒業・結婚など、パーソナルなシーンでも使用される表現です。

言い換え

皆様のお慶びはもとより、私どもも雀躍(じゃくやく)いたしております。 😊

(例) 作品賞の受賞おめでとうございます。皆様のお慶びはもとより、私どもも雀躍いたしております。

周囲の人々の喜びと共に祝福する言葉(P.93)を組み合わせたような表現です。誰にとってもうれしい様子が表れます。雀躍(じゃくやく)は喜びでおどりする様子のこと。日常的ではない表現を組み合わせると印象的になります。

おめでとうございます …… 祝い事の内容 [祝福]指数 ▶

このたびは〜の由(よし)

(例) このたびはご栄転の由、誠におめでとうございます。

用法 祝いの言葉を述べる前に、その内容を示すために使用される表現です。本来は、お祝い事に限らず伝え聞いた内容を示す言い回しで「〜だそうで」の意味。
効用 文語的な表現のため、きちんとした印象になります。

言い換え

このたびは〜されたとのこと

(例) このたびはご栄転されたとのこと、本当におめでとうございます。

お祝いの内容を示すときに使われる言い回しで、〜の由をわかりやすくした表現。伝え聞きのニュアンスをなくして、〜されましたこと・〜されましたことも使われます。

言い換え

めでたく〜されました由

(例) めでたく落成されました由、心よりお祝い申しあげます。

伝聞の内容を示す〜由は、頭にめでたくを組み合わせることで、お祝い事を示す意図がはっきりします。

続「誠におめでとうございます」 ➡ P.92

| おめでとうございます | ……… 祝福の結び | [祝福]指数 ▶ 😄 |

〜を心からお祈りして、お祝いのご挨拶とします。

(例) 今後のご活躍を心からお祈りして、お祝いのご挨拶とします。

用法 お祝いの言葉を締めくくるときに使われる表現です。結婚式のスピーチなど話し言葉としても使われます。書状でお祝いを伝えるときは、他の内容を一緒に含めないことが常識とされます。これはその結びのお祝いの言葉として使われます。
効用 メールで伝える形としては多少大げさかもしれませんが、文面をお祝いづくしでまとめるひとつの方法です。

言い換え

まずは取り急ぎ〜のお祝い言上(ごんじょう)まで。 😄

(例) まずは取り急ぎご栄転のお祝い言上まで。

これもまた手紙の締めくくり（末文）に使用する文言です。言上（ごんじょう）は「目上の人に対して申し上げる」こと。手紙の常套句ですが、簡潔な言い回しのため、意外にメール向きかもしれません。

言い換え

まずは、メールにてお祝いを申しあげます。 😄

(例) すぐにでもお祝いにかけつけたいところですが、まずは、メールにてお祝いを申しあげます。

文字どおりの意味で、メールのメリットを活かし「早くお祝いを伝える」ことを率直に言い表します。メールは簡易的なものになるため、書状や贈り物などでフォローするのが得策です。そうした、改めて何らかの形でお祝いする旨を含ませることができます。

さすがですね ……人や行動をほめる

[感心]指数 ▶

感心しております。

(例) いつもながら、きっちり約束を守られる律儀な性格に感心しております。

用法 人をほめるときに使う基本フレーズです。**感心**は、心に深く感じること、「ほめるべき」と考えることで、口語でも普通に使われる言葉です。より日常に近い場面で使える表現になります。
効用 イベント的に大げさにほめたいときには、この程度だと物足りない感じになるかもしれません。

言い換え

感じ入っております。

(例) 優しく勇気あるお人柄に、感じ入っております。

感じ入るは、徹底的に感心する、心から感じること。「ほめる」以外のシーンでも、お詫びや感謝などさまざまな思いを深く感じる意味で使われます。「ほめる」意味で使う場合、**感心する**よりは**感心**のほどが強く伝わるかもしれません。

言い換え

感銘を受けました。

(例) その映像美とさえわたる演出に、深い感動と感銘を受けました。

感銘は、深く心に感じて忘れないこと、また、それほど深く感動することで、**受ける**と組み合わせるのが決まり文句です。作品や仕事ぶりをほめて言うときによく使われます。「心を動かされた」といった感じを表現できます。

| さすがですね | ……… 人や行動をほめる | [感心]指数 ▶ 😊 |

〜と感服いたしております。

(例) いつも迅速かつ的確な対応をしていただき、感服いたしております。

用法 これも相手に感心した気持ちを伝えるときに使うフレーズです。**感服**は非常に感心して、敬服すること。非日常的な言い回しですが、文書のなかでは、日々の活躍ぶりや行動のすばらしさをほめて、比較的よく使われます。

効用 本来は「服従する」ほどの気持ちを表す言葉で、感心のほどがとても大きな表現です。

言い換え

〜は、敬服のいたりに存じます。 😊

(例) 優秀な経営者としてのご活躍は、敬服のいたりに存じます。

敬服は感服の同義語で、相手を敬い従うこと。この言い回しも「従う」ほどという強さはあまり意識せずに使われています。**敬服いたしております**として使えば、通常の文書内でもよく登場する表現に。**敬服のいたりに存じます**はそれより敬って丁寧に言う言い回しとなります。

言い換え

〜心酔するばかりです。 😊

(例) 先生の研究熱心なお姿に、心酔するばかりです。

心酔は、相手の人柄や業績、作品を心から慕って熱中すること。その道の大先輩や憧れの人などに対して使われる表現です。仕事内容や実績をほめて使うと、とても熱い気持ちが表現されます。使い方が適切かどうかを判断する必要があるかもしれません。

サイドバー:
- 前文
- **本文**
  - 感謝
  - 詫び
  - 説明/弁明
  - 依頼
  - 問合せ
  - 恐縮
  - 祝福
  - **感心**
  - 了解
  - 断り
  - 通覧
  - 受領
  - 退/転職
  - 異動
  - 移転
  - 開店/開業
  - 閉店/廃業
  - 通知
  - 採/不採用
  - 案内
  - 決意表明
  - 催促
  - 抗議
  - 見舞い
- 末文
- つなぎの言葉
- メールの小技

さすがですね ……… 人や行動をほめる　　[感心]指数 ▶ 😊

心を打たれる思いです。

(例) 山田様の作品作りに対する真摯な姿勢には、心を打たれる思いです。

用法 相手に感心した気持ちを伝えるときに使うフレーズです。**心を打たれる**は、大変感銘を受けること、胸を打たれること。○○様の〜にはなど、感心する対象と組み合わせて使います。
効用 単純に「すばらしい」というよりも、感銘の度合いの大きさが表せます。

言い換え

頭が下がる思いです。　　😊

(例) 無償で情報提供を続けてこられた努力には、頭が下がる思いです。

頭が下がるは、相手を心から敬服するという意味の慣用句。やはり「感心させられました」という気持ちを示すときに使う表現です。相手のすばらしい行いをほめて使います。

言い換え

恐れ入る思いです。　　😊

(例) あの難題を3日間で処理された折衝力には、恐れ入る思いです。

ここでの**恐れ入る**は、相手のすばらしい点、力量や実力に感心して「参りました」という気持ちです。相手が競争相手であるか否かにかかわらず使われます。

さすがですね ……… 作品や人をほめる　　[感心]指数 ▶ 😊

〜は、出色のできばえでした。

(例) 今回の作品は、出色のできばえでした。

用法 仕事や作品をほめて言うフレーズです。とくに「他よりすばらしい」というときに使います。**出色（しゅっしょく）**は、他に比べて際立ってすぐれているようす。**出色のできばえ**というのが常套句です。丁寧に言うには、**出色のできばえでございました**。
効用 常套句とはいえ、物を作る人にとってはうれしいひとことでしょう。

言い換え

〜は、秀逸です。 😊

(例) その美しい描写は、秀逸です。

秀逸（しゅういつ）は**出色**の同義語で、他に比べてぬきんでてすぐれていることです。俳句や絵画、小説などの表現のうまさをたたえてよく使われます。「秀逸な句」「秀逸なデザイン」のように対象を形容してほめる使い方もよくあります。

言い換え

傑出した〜だと思います。 😊

(例) 彼は傑出した脚本家だと思います。

「傑出」もまた、他に比べてとびぬけてすぐれていることを指す言葉です。他の2つが作品などを対象とすることが多いのに対して、「傑出」は人物をほめる際によく使われます。

了解しました …… 用件を引き受ける　[了解]指数 ▶ 😊

～の件、承(うけたまわ)りました。

（例）ご依頼の件、承りました。

用法 相手の申し出や提案を「受ける」場合に使う表現です。**承(うけたまわ)る**は、受ける・引き受けるの謙譲語で、謹んで受けるという意味です。
効用 簡潔かつかしこまった印象を与えます。

言い換え

～の件、承知いたしました。 😊

（例）お申し出の件、承知いたしました。

承知は、依頼や要求を聞き入れる・承諾することです。かしこまった感じのする**承る**よりも実用的で、ビジネスマンの基本マナーとして紹介されるような言葉です。

言い換え

～の件、了承しました。 😊

（例）登録解除の件、了承しました。

了承もまた、相手の申し出などを理解し承知することです。何かを引き受けるというよりも、要求を「聞き入れる」といった意味合いが強くなります。

| 了解しました | 理解 | [了解]指数 ▶ 😊 |

〜の件、わかりました。

(例) 納期延期の件、わかりました。

用法 「理解する」という意味の**わかる**を使うことで、「了解する」「受け入れる」という意図を伝えます。単に「理解した」という意味でも、内容を「引き受けた」という意味でも使えます。
効用 かしこまる必要のない相手に率直に伝えるのに有効です。

言い換え

〜の件、かしこまりました。 😊

(例) ご出席者数の変更の件、かしこまりました。変更後の25名で資料を作成しておきます。

目上の人からの依頼事などを受けるときに使用する言葉です。この場合の**かしこまる**は、指示や依頼などを謹んで承るという意味です。**わかりました**に比較して丁寧で、かつ**承諾した**という意味が強くなります。

言い換え

〜の件、了解しました。 😊

(例) 進行スケジュールの件、了解しました。

内容を理解し、かつ承認するときに使う言い回しです。**了解**は、事情を理解すること・納得すること。単に**わかる**だけでなく、それを認める意味が強くなります。

了解しました ……… 役割を受け入れる　[了解]指数 ▶ 😊

お受けすることにいたします。

(例) 講演会の講師の件ですが、お受けすることにいたします。

用法 相手の要望や申し出を受けるときに使う、シンプルな表現です。この場合の**受ける**は、依頼や提案を受け入れる・引き受けること。よりシンプルな言い方として**お受けいたします**も使われます。

効用 考慮したうえで話を受ける、という感じが表現できます。

言い換え

お引き受けいたします。 😊

(例) 次期役員をお引き受けいたします。

受けるに対して**引き受ける**の場合は、「受けて責任を負う」という意味が強くなります。たとえば、何らかの役割を担当する場合に使われる表現です。またこのフレーズは、逆に仕事の受注を狙う営業文句になることも多々あります。

言い換え

受諾いたします。 😊

(例) 申請いただいた件について、下記のとおり受諾いたします。

受諾は「引き受ける」ことを意味し、相手の提案などを受け入れるときに使います。条項や利用規約の「受け入れ」を示すときなどによく用いられる表現です。

了解しました ……………… 抱負　　[了解]指数 ▶ 😊

お役に立てれば幸いです。

(例) コメントのご依頼の件、了解しました。私でお役に立てれば幸いです。

用法 何らかの依頼事を引き受けた際に、補足して言うフレーズです。依頼をしてきた相手の気持ちに応える形で書き添えます。この場合、**役に立つ**は、その役目を担う能力があること。
効用 謙虚な印象を与えます。

言い換え

ご期待に添うことができれば幸いです。 😊

(例) プロジェクトリーダー就任の件、承知いたしました。ご期待に添うことができれば幸いです。

お役に立てれば～とほぼ同程度の気持ちを示す言葉です。相手の依頼する内容を自分が成し遂げることを**期待に添う**という表現で表します。

言い換え

お力になれれば幸いと存じます。 😊

(例) 派遣員増員の件、承りました。及ばずながら、お力になれれば幸いと存じます。

力になるは、人のために助けること。「相手を助ける」という表現を使うため、**役に立つ**や**期待に添う**に比較すると、やや積極的な印象を与えます。

サイドバー: 前文 / 本文 / 感謝 詫び 説明/弁明 依頼 問合せ 恐縮 祝福 感心 了解 / 断り / 通覧 受領 退/転職 異動 移転 開店/開業 閉店/廃業 通知 採/不採用 案内 決意表明 催促 抗議 見舞い / 末文 / つなぎの言葉 / メールの小技

お断りします ……… 辞退・拒絶

[お断り]指数 ▶ 😞

お断り申しあげます。

(例) 誠に残念ではございますが、お断り申しあげます。

用法 相手からの勧めや頼み事を拒絶する場合、辞退する場合に使う基本表現です。通常、**ご依頼いただいた内容についてですが**といった表現などに続けて結論づけて使います。
効用 ストレートな言い方で、はっきりと用件が伝わります。冷淡すぎないように、前置きの文章に気配りが必要です。

言い換え

いまのところ必要ございません。 😞

(例) せっかくのお申し出ですが、いまのところ必要ございません。

勧誘や営業などに対して拒絶を表す言い回しです。要するに「いらない」と言っていることになります。**いまのところ**という断りは、いつか必要なときがくる可能性を秘めていますが、一般的にはその可能性は極めて少ないと言えるでしょう。

言い換え

結構でございます。 😞

(例) 大変よいお話ですが、今回は結構でございます。

同じく、勧誘や営業などに対する拒絶を表現します。より厳しい言い方です。

📝メモ 「断り」は、いずれにしても相手をがっかりさせる内容になるため、相手との信頼関係を壊さないように気を配る必要があります。断る事情を簡潔に説明し、期待に応えられないことを詫びる気持ちであたりましょう。

お断りします ・・・・・・・・・・・・・・・・・・ 辞退・拒絶　［お断り］指数 ▶ ☹

お申し出はお受けいたしかねます。

(例) 締め切り後のお申し出はお受けいたしかねますので、ご了承ください。

用法 相手の要望に対する拒絶や、相手の親切に対する辞退などに使われる断りの表現です。**申し出**は、進んで言って出た、意見・要求・希望などのこと。申し込みを受け付ける場面のことわり書きなどで、使用されます。
効用 丁重な表現で、きっぱりと断る意向を伝えられます。

言い換え

お申し出はお引き受けいたしかねます。 ☹

(例) 今回のお申し出はお引き受けいたしかねます。

受けるに対して**引き受ける**の場合は、受けて責任を負う、負担するという意味が強くなります。たとえば、何らかの役割を担うことについて「断る」場合に使われる表現です。また、「そこまでのことはできない」というようなニュアンスも生まれます。

言い換え

ご要望には添いかねます。 ☹

(例) 今回のご要望には添いかねますので、あしからずご了承ください。

相手の期待する**要望**を断る場合に使うフレーズです。**添う**は、目的などにかなうようにすること。**添いかねる**という表現は、断りの文面のなかで期待・要望・目的などに対して使われます。

> メモ　「〜かねます」の言い方がきつく感じる場合には、「〜することができません」に言い換えるとソフトになります。

107

お断りします　……　辞退　［お断り］指数 ▶

謹んでご辞退させていただきたく存じます。

(例) 今回は、謹んでご辞退させていただきたく存じます。

用法 相手からの申し出を断るときの表現です。何かの役に任命された場合や、勧められたことを断る際に使われます。「遠慮させていただきます」という意味合いでも使われる表現です。
効用 丁重で謙虚な表現になります。**謹んで**をつけるとさらに謙虚な感じに。

言い換え

ご勘弁いただきたく存じます。

(例) スピーチだけは、ご勘弁いただきたく存じます。

多くの場合、依頼されたことを辞退する場合に使います。**勘弁**は、過失を許したり、本来すべきことを免除すること。ここでは、要求に応じないことを許してもらう意味で使います。

言い換え

ご容赦のほどお願い申しあげます。

(例) 申し訳ありませんが、今回はご容赦のほどお願い申しあげます。

容赦は**勘弁**と同義語で、許すことです。やはり、頼まれたこと、お願いされたことを辞退する場合に、「お受けできないことをお許しください」という意味で使います。お願いする形で、丁重にお断りする印象になります。

お断りします ・・・・・・・・・・・・・・・・・・・・・・・・・・ 辞退　　[お断り]指数 ▶ 😞

とても私には力が及びません。

(例) せっかくのお話ですが、とても私には力が及びません。

用法 何かの役員の選出など、分不相応の役柄を与えられた場合に辞退するときのフレーズです。自分にはその能力がないと謙遜して断ります。詫びるフレーズと組み合わせると、「断る」意思が伝わります。
効用 力が及ばないという謙遜をたてまえにして、間接的な表現で断ることができます。

言い換え

私ではまだ荷が重すぎます。 😞

(例) そんな大役をお引き受けするのは、私ではまだ荷が重すぎます。

やはり、大役を依頼されて断るときの決まり文句です。この場合の荷は、責任や負担の意味で、**荷が重い**は自分の能力に対して責任や負担が大きいという意味の慣用句です。まだを入れることによって、「一人前でない」という謙遜が加わります。

言い換え

私などが出る幕ではございません。 😞

(例) 錚々たる面々のなかで、とても私などが出る幕ではございません。

出る幕ではないというのは、自分がでしゃばっていく場面ではないという意味の慣用句です。つまり、これもまた何か頼まれた役に対して、自分が出ていくべきところではないと言って辞退するときに使われます。力不足という意味でも、畑違いというニュアンスでも使えます。

お断りします　借金の拒絶

[お断り]指数 ▶ 😟

どうにもご用立てはいたしかねます。

(例) 申し訳ありませんが、どうにもご用立てはいたしかねます。

用法 相手からの借金の依頼を断るときに使うフレーズです。**用立てる**は、人に貸与する、立て替えることで、とくに、金銭を貸し出す場合に使われます。「貸せません」の遠回しな言い方です。

効用 どうにもという表現で、「どうにかしようとしたけど難しかった」という気持ちを含められます。

言い換え

あいにく持ち合わせがございません。 😟

(例) すみませんが、あいにく持ち合わせがございません。

口語でもよく使われる表現です。**持ち合わせ**はちょうどいま持っているもので、とくに金銭のことを指します。**持ち合わせがない**は、「お金を貸して」と言われたときの、断りの常套句と言えます。

言い換え

金子（きんす）の都合はつきかねます。 😟

(例) 仰せのとおりの金子の都合はつきかねます。

金子（きんす） は、お金・金銭のこと。古い表現ですが、借金を申し込まれた場合に、その断りの返事として使います。「お金をやりくりして用意することはできません」という意味です。最近の使用頻度は高いとは言えません。

お断りします ……… 辞退に対する遺憾　　[お断り]指数 ▶ 😣

お引き受けしたいのですが

(例) なんとしてもお引き受けしたいのですが、とても私には力が及びません。

用法「断る」という結論を言う前に、ワンクッションをおく役割のくだりです。「本当は引き受けたいのは山々だけど」という気持ちを表現して使います。**引き受ける**は、受けて責任を負うこと、担当すること。

効用 むげに断る感じをなくし、「やむを得ない」という事情をにおわせます。

言い換え

お役に立ちたいところですが 😣

(例) 何はともあれお役に立ちたいところですが、とても私には力が及びません。

やはり、頼まれたこと、要請されたことを断る場合に、結論の前につけ加える一節です。依頼に対して応えることを**役に立つ**という形で表現します。**役に立つ**は汎用的な表現で、依頼の内容を問わず使えます。

言い換え

ご協力申しあげたい気持ちは山々でございますが 😣

(例) ぜひともご協力申しあげたい気持ちは山々でございますが、とても私には力が及びません。

これもまた断る際に使うフレーズですが、依頼を受けること・要請に応えることを**ご協力申しあげる**とへりくだった表現を使っています。より慎重に断るときに使われるフレーズです。

お断りします ……… 辞退に対する遺憾　　[お断り]指数 ▶ 😞

誠に残念ではございますが

(例) **誠に残念ではございますが**、ご辞退させていただきたく存じます。

用法「断る」という結論の前に、その結果が本来の意思ではないことをことわって言う表現です。**誠に残念**は一般的な表現で、依頼の内容を問わずよく使われます。
効用 期待に応えられないことが心残りだという気持ちを表現できます。ほとんどの場合、形式的に受け取られます。

言い換え

不本意ながら　　😞

(例) **不本意ながら**、ご辞退させていただきたく存じます。

やはり、断りの言葉の前につけ加えて言います。**不本意**は、自分の本当の希望とは異なることです。依頼を断るのは、「望むところではないのだけど」という気持ちを表現でき、やむを得ず断るというニュアンスを生み出します。

言い換え

申し訳なく存じますが　　😞

(例) **申し訳なく存じますが**、ご辞退させていただきます。

この表現は、上の2つのように断ることが本意ではないというよりも、その結果に**申し訳ない**と詫びる表現を使っています。これによって、依頼をむげに断っているのではなく、ためらいつつ断っている感じになります。

お断りします ……… 申し出に対する謝意　　[お断り]指数 ▶ 😞

せっかくのお申し出ではありますが

(例) せっかくのお申し出ではありますが、お引き受けすることができません。

用法 依頼を断るという結論の前に、依頼されたことに感謝の意を含めて言うフレーズです。「自分に期待してもらったのに残念だ」という気持ちで使います。**申し出**は、申し出られた意見・要求・希望などのこと。
効用 依頼されたことに感謝する気持ちと、それを断ることを詫びる気持ちの両方が表現できます。

言い換え

せっかくのご依頼ではございますが 😞

(例) せっかくのご依頼ではございますが、お引き受けすることができません。

頼まれた用件を指して**依頼**とストレートに表現した言い回しです。**申し出**が意見・要求・希望などを含む幅のある表現であるのに対して、**依頼**は率直な表現になります。ややビジネスライクな響きがあるかもしれません。

言い換え

せっかくお頼りくださいましたのに 😞

(例) せっかくお頼りくださいましたのに、お引き受けすることができません。

「用件を頼む」という**依頼**の意味も含みますが、むしろ「頼みにする・助けてもらう」という**頼る**が前面に出た表現です。形式的ではない気持ちが入った感じを与える言い回しになります。

お断りします ……………… 辞退に対する詫び　　［お断り］指数 ▶

お力になれなくて

(例) **不本意ながら、お力になれなくて申し訳ありません。**

用法 依頼を断ることを謝って言う一文です。頼みを断ることを**力になれない**と表現しています。**力になる**は、人を助ける、骨を折ること。口語でもよく使われる表現で、ちょっとしたお願い事の返事としても使われます。
効用 汎用的な表現で、依頼の内容を問わず使えます。

言い換え

お役に立てなくて

(例) **せっかくのお申し出ですが、お役に立てなくて申し訳ありません。**

依頼を断ることを**役に立てない**と表現した言い方です。この場合依頼に対して応えることが**役に立つ**ということになります。**力になれない**に比較すると、どちらかというと自分を卑下して言うように聞こえます。

言い換え

ご協力できなくて

(例) **せっかくですが、ご協力できなくて申し訳ありません。**

協力できないという形で、依頼を断ることを表現した言い方です。**協力**の言葉がもつ「力を合わせる」という意味から、相手との関係が対等であるように聞こえます。募集や参加の呼びかけに対する辞退などで使われます。

お断りします …… 辞退に対する理解を求む　　［お断り］指数 ▶

なにとぞ事情をご賢察のうえ

(例) なにとぞ事情をご賢察のうえ、あしからずご了承のほどお願い申しあげます。

用法 断ることに関して、理解を求めるために使う一文です。**賢察**は**推察**の尊敬語「事情を察していただきたい」という気持ちで使います。辞退する文面以外に、依頼文や不採用通知の常套句としても使われます。

効用 ビジネス文書の常套句のため、形式的に聞こえるかもしれません。

言い換え

なにとぞ事情をご高察賜りまして

(例) なにとぞ当方の事情もご高察賜りまして、あしからずご了承のほどお願い申しあげます。

高察もまた、相手が**推察**することを敬って言う言葉で、すぐれた推察を意味します。**賜る**をつけることで、よりいっそう丁重な言い方になります。

言い換え

なにとぞ本事情をお察しいただき

(例) なにとぞ本事情をお察しいただき、あしからずご了承のほどお願い申しあげます。

上の2つに比較すると、敬語をやや抑えた比較的普通の言い回しです。メール文のなかでは、丁重すぎる表現はまわりくどいと感じられる場合があるため、こうした表現でバランスをとります。

参 「なにとぞ内情をお汲み取りいただきまして」（お願いします）→ P.79

ご覧ください … 通覧依頼

[通覧]指数 ▶

ご覧ください(ませ)。

(例) プレスリリースをアップしましたので、ぜひご覧くださいませ。

用法 送付した書類や案内する商品などの対象物を「見てください」と勧めるときに使う一般的な表現です。**覧**は見ること、**ご覧になる**は「見る」の尊敬語。

効用 口語としても使われる普通の敬語のため、わかりやすくソフトな印象になります。

言い換え

ご高覧ください(ませ)。

(例) 案内文の一部を転載いたしますので、ご高覧ください。

「見てもらう」ことをさらに敬って言う表現です。**高覧**は他人が見ることを尊敬して言う言葉。ビジネス文書や手紙のやりとりでは、よく使われる言い回しになります。

言い換え

ご賢覧ください(ませ)。

(例) 記録資料を同封いたしましたので、ご賢覧くださいませ。

賢覧は高覧の同義語で相手が見ることを尊敬していう言葉。同じように使えますが、**賢覧**という単語自体が耳慣れないこともあり、使用される頻度はご高覧くださいよりも低くなります。

> メモ：他人に自分の物を見てもらう際に使う謙譲語が**笑覧**。「つまらないものですが、笑って見てやってください」という気持ちで使います。

| ご覧ください | ………… 目通し依頼 | [通覧]指数 ▶ 😐 |

ご一読いただければ幸いです。

(例) 商品特徴をまとめた資料を同封いたしましたので、ご一読いただければ幸いです。

用法 送付した書類などを「読んでください」と勧めるときに使う表現です。**一読**はひととおり、ざっと読むこと。主に、先方からの要求に応じたのではなく、こちらが読んでもらいたくて送ったものに対して使います。

効用 ご覧くださいよりも「読む」に特化した表現で、「とにかく一度読んでほしい」という感じが伝わります。

言い換え

お目通しいただければ幸いです。 😐

(例) 先日のお話を企画書にまとめましたので、お目通しいただければ幸いです。

目通し（めどおし）はひととおり目を通すこと。ざっと読むという意味もあります。やはり書類などに「目を通す＝読む」ことをお願いして言う言い回しです。全体に目を通してほしい場合に使われます。

言い換え

ご参照いただければ幸いです。 😐

(例) 昨年のデータを添付いたしましたので、ご参照いただければ幸いです。

「参考までにご覧ください／お読みください」という意味で使います。たとえば、本題に対してそれを補完する内容や、相手から求められたわけではない資料などを送る・案内する場合に使われる言い回しです。**参照**は他と照らし合わせて参考にすること。

お受け取りください／受け取りました … 受け取り依頼

[受領]指数 ▶

お受け取りください。

(例) 後日、店頭にてお受け取りください。

用法 書類の送付時など、相手に受け取りをお願いする言い方の最もシンプルな表現です。メールの添付書類や郵送物の受け渡し時に使うこともありますが、使い方としては直接の受け渡しを指すことが多いようです。
効用 率直な表現で間違いなく伝わります。

言い換え

ご査収ください。

(例) テキスト書類を添付しましたので、よろしくご査収ください。

FAX送信状などでおなじみの常套句です。**査収**は、よく調べて受け取ること。受け取り後に内容確認を促す意味になるため、書類などのやりとりに最もよく使われる表現になります。

言い換え

ご検収ください。

(例) よろしくご検収ください。

検収は、納められた品が注文どおりかを確認して受け取ること。つまり、商品の受け渡し時に使われる表現です。

> メモ その他に、「受け取る」意味の熟語には、**受納、領収、収受**などがあります。

お受け取りください／受け取りました … 受納依頼　　[受領]指数 ▶ ☹

お納めください。

(例) 粗品ですが、どうかお納めください。

用法 主に、お歳暮やお中元などの物品を受け渡すとき、支払いなどの金銭を授受するときに使います。相手に受け取りをお願いする言い回しです。この場合の、**納める**は「物や金銭などを受納する」意味。
効用 **受け取る**に比べて「受け取って自分のものにする」というニュアンスが強く伝わります。

言い換え

ご笑納ください。　　☹

(例) 心ばかりのお品をお送りいたしましたので、ご笑納ください。

より贈り物に特化した言い方になります。**笑納**は、笑って納めるの意味から、「つまらないものだけど笑って受け取ってほしい」という気持ちを表す言い回しです。

言い換え

ご受納ください。　　☹

(例) 記念品を発送させていただきましたので、ご受納ください。

受納は、受けて納めることで、**お納めください**と同じ使い方ができる、やや堅い表現です。

お受け取りください／受け取りました … 受け取り報告

[受領]指数 ▶

受け取りました。

(例) お送りいただいた資料、受け取りました。

用法 物を受け取ったことを知らせて使うフレーズです。依頼した商品や書類など、仕事上のやりとりに対して使われるごく普通の表現になります。
効用 事務的な表現ですが、過不足なく伝わります。

言い換え

受領しました。

(例) 来年度分の会費、確かに受領しました。

受領は金銭や物を受け取ることで、領収と同義語です。代金や品物を正式に受け取った場合などに使用されます。

言い換え

拝受いたしました。

(例) 本日、お手紙拝受いたしました。

拝受は受け取ることの謙譲語で、謹んで受けるという意味もあります。書簡や贈答品を受け取った場合に使用される、かしこまった表現です。

お受け取りください／受け取りました ・・ 受け取り・到着報告　　[受領]指数 ▶ ☹

頂戴いたしました。

(例) 結構なお品物を頂戴いたしました。

用法「受け取った」ことを別の意味をこめて表す表現です。**頂戴**は、もらうことをへりくだって言う表現で、贈答品などを受け取った際に使われます。
効用 いただきものをした場合に、受け取ったことを敬意をもって伝えられます。

言い換え

到着いたしました。 😐

(例) お送りいただいた掲載誌、本日到着いたしました。

送られた物に主体を置いて**到着した**とすることで、「受け取った」ことを表す表現です。品物などのやりとりにおいて使われます。

言い換え

着荷（ちゃっか）いたしました。 😐

(例) 先日注文した品物、確かに着荷いたしました。

着荷（ちゃっか・ちゃくに）は、荷物が着くことで、「到着いたしました」と同様の使い方ができます。主に注文した品物を受け取った場合などに使われます。

退職／転職しました …… 退社／辞職挨拶

[挨拶]指数 ▶

このたび○○株式会社を円満退社いたし、△△株式会社に入社いたしました。

(例) さて、私こと、このたびニッポン株式会社を円満退社いたし、ジャパン株式会社に入社いたしました。

用法 会社を辞めたときに、社外の関係者に送信する挨拶の一文です。円満退社かつ転職先が決まっている場合に、あわせて報告します。退職よりも転職の知らせが中心になる言い方です。
効用 社の所属を問わず、関係を継続させたい気持ちが表れます。

言い換え

このたび○○株式会社を△月△日付で退社することになりました。

(例) 私こと、このたび、3月末日付で退社することになりました。

近いうちに退職することが決まっているときに、あらかじめ知らせる際の文面です。仕事の引き継ぎなどが発生する可能性がある相手には、数日前に知らせておくのが一般的です。

言い換え

このたび一身上の都合により、○○株式会社を辞職いたしました。

(例) 私こと、このたび一身上の都合により、ニッポン株式会社を辞職いたしました。

何らか事情があって退社する場合で、**円満退社**とは書きづらい場合は、**一身上の都合により辞職／退社**というぼかした表現が使えます。たとえば、意見の食い違いによるケンカ別れや、自分が関係したトラブルが原因で辞める場合などに使われます。

> **メモ** ○年間お世話になりました△△株式会社をとつけ加えると、円満退社な感じをアピールできます。具体的な理由について明らかにできる場合には**病気療養のため**などを書き添えます。

前文
本文
感謝
詫び
説明/弁明
依頼
問合せ
恐縮
祝福
感心
了解
断り
通覧
受領
退/転職
異動
移転
開店/開業
閉店/廃業
通知
採/不採用
案内
決意表明
催促
抗議
見舞い
末文
つなぎの言葉
メールの小技

退職／転職しました ……… 在職中の感謝　　[挨拶]指数 ▶ 😐

在職中はひとかたならぬご厚情をいただきまして

(例) 在職中はひとかたならぬご厚情をいただきまして、誠にありがとうございました。

> 用法 退社の知らせに続けて、在職中にお世話になったお礼を述べる際の言い回しです。一般的な表現で、どんな人に対しても使えます。**ひとかたならぬ**は、非常に、なみなみならぬという意味。
> 効用 やや大げさですが、謝辞を示す定型表現で、気持ちの大きさは表せるでしょう。

言い換え

在職中は絶大なるご支援と心温まるご指導を賜りまして 😐

(例) 在職中は絶大なるご支援と心温まるご指導を賜りまして、誠にありがとうございました。

> **ご支援・ご指導を賜りまして**というのは、日頃の謝辞を言うときにも使う普遍的な表現です。これに**絶大なる・心温まる**といった修飾語をつけて感謝の大きさを伝えます。誇張の具合は、**多大なる・格別の**といった修飾語と入れ換えて調整できます。

言い換え

在職中は公私ともども格別のご高庇を賜りまして 😐

(例) 在職中は公私ともども格別のご高庇を賜りまして、厚くお礼申しあげます。

> **格別のご高庇（こうひ）**も謝辞を示す際に使われる言い回しのひとつです。**高庇**は、他人の庇護や援助の尊敬語。**公私ともども**という表現を使うと**ご高庇**のほどが親身なものである感じが出ます。

退職／転職しました　……　抱負　［挨拶］指数 ▶ 😐

今後は、これまでの経験を生かして、一層の精進を重ねてまいる所存でございます。

用法 退社と同時に転職先についても報告する文面で、今後の意気込みを述べる一文です。この例に関しては、転職先が具体化していない場合や独立した場合でも使えます。
効用 計画的にキャリアを積んで、成長し続けたいという姿勢をにおわせられます。

参 「がんばる所存です」 ➡ P.164〜171

言い換え

今後は、新しい会社において全力を尽くしていきたいと存じております。 😐

転職する会社が決まっている場合に使う表現です。**全力を尽くす**という表現が、あまり形式ばらずに素直に意気込みを感じさせます。転職後もお世話になる可能性のある人に対してアピールする言い回しです。

言い換え

今後は、新しい職場で心機一転、業務に精励する所存でございます。 😐

心機一転という表現は、「環境を変えて、心新たに」という気持ちで使うことも、「前職とは異なる職種でがんばる」という気持ちでも使えます。人によっては、前の職場で何かあったのかと、勘ぐられてしまうこともあるかもしれません。

退職／転職しました ……… 今後の予定　[挨拶]指数 ▶

今後のことにつきましては未定ですが

(例) **今後のことにつきましては未定ですが、決まり次第、改めてご報告いたします。**

用法 とりあえず退社／退職することのみを伝える文面のなかで、今後の身の振り方について言及する言い回しになります。まだ転職先等の進路が決まらない場合に使われる表現です。
効用 未定であっても先の予定を伝える意思があることで、継続的なつきあいを望む意図が伝わります。

言い換え

今後の方針はまだ決定しておりませんが

(例) **今後の方針はまだ決定しておりませんが、じっくり考えて新しい職場を探したいと思っております。**

上の例と同じような意味ですが、**方針を決定**という表現が、まだ何も決めていない現状を表しているのと同時に、しっかり考えて方向性を決める用意があることを感じさせます。

言い換え

今後しばらくは休養の予定ですが

(例) **今後しばらくは休養の予定ですが、落ち着きましたら活動を再開する予定です。**

本当にしばらく休養する場合、または、しばらく／ずっと転職先を伝えるのを控えたい場合などに使われる表現です。**今後のことは未定**と言うことですぐに声がかかるのを防ぐ、という贅沢な用途もあります。

異動しました ……… 配属先報告　[挨拶]指数 ▶

〜に配属されました。

(例) このたび、私こと、人事異動にて営業2課に配属されました。

用法 社内の人事異動を知らせる表現で、所属する部署が変更になったことを伝えます。**配属**は、部署に分けてつかせること。「〜」には、新しく所属する部や課などの部署名が入ります。
効用 深い意味のない、無難な言い方です。

言い換え

〜へ転出いたしました。

(例) このたび、私こと、人事異動にて横浜支社へ転出いたしました。

転出は、これまでの任地を出て他に転任することです。たとえば、同じ会社の別の支社への異動や子会社へ出向する場合などに使います。

言い換え

○○より△△勤務となりました。

(例) このたび、私こと、人事異動にて、本社営業本部より横浜営業所勤務となりました。

〜勤務という言い方は、部署の異動、支社等への転出のいずれの場合も使われます。どちらかというと、転出をともなう異動について使われることが多いようです。

> 退職や異動などを報告する際に文章の冒頭で使われるのが、**このたび、私こと〜**（**私こと、このたび〜**）という表現です（→P.122 例）。この**こと（事）**は、体言の後に続けて使い、「それについて言うと」という意味になります。堅苦しすぎるようであれば、**私このたび**という言い方もできます。

異動しました　…………　着任報告　[挨拶]指数 ▶

〜勤務を命じられ、このほど着任いたしました。

(例) 私このたび、横浜支社勤務を命じられ、このほど着任いたしました。

用法 異動の辞令が出たことと、すでに新しい任地に着いたことを知らせる言い方です。**着任**は、新しい任地／任務につくことで、任地に到着することも意味するため、主に転出をともなう異動の際に使われます。

効用 無事着任したことの知らせに重点を置くことができます。

言い換え

○月○日付をもって〜勤務を命じられ、同日赴任いたしました。

(例) 私このたび、9月1日付をもって浜松営業所勤務を命じられ、同日赴任いたしました。

赴任は**着任**の同義語で任地におもむくことを指します。上の例のこのたびに代わって、○月○日付をもってと同日赴任とすることで、異動となる日付が明確に伝えられます。

言い換え

株式会社〜の…に就任いたしました。

(例) 私このたび、山田太郎氏の後任として株式会社ジャパンの代表取締役社長に就任いたしました。

就任も**着任**の同義語で新しく任務や役職に就くことです。一般的には、**着任**や**赴任**に比較すると、取締役社長や会長、役員といった要職に就く場合によく使われます。

前文 / 本文

感謝 / 詫び / 説明・弁明 / 依頼 / 問合せ / 恐縮 / 祝福 / 感心 / 了解 / 断り / 通覧 / 受領 / 退/転職 / **異動** / 移転 / 開店/開業 / 閉店/廃業 / 通知 / 採/不採用 / 案内 / 決意表明 / 催促 / 抗議 / 見舞い

末文 / つなぎの言葉 / メールの小技

異動しました …………………… 任命 [挨拶]指数 ▶ 😠

〜に選出されました。

(例) 6月30日の総会において、不肖、私が会長に選出されました。

用法 投票や指名などの手段で選ばれる形で何らかの代表者となった場合に、それを知らせる言い回しです。組織の会長や代表委員、また選手として選出された場合などに使われます。

効用 複数の候補者のなかから選び出されて就任した経緯を含ませられます。

言い換え

〜の役を仰せつかりました。 😠

(例) 不肖、私が、環境対策委員会の委員長の役を仰せつかりました。

仰せつかる（おおせつかる） は「命令を受ける」こと。**大役を仰せつかる**という常套句があるように、それなりの役に就いたことを言う言い回しです。

言い換え

〜を担うこととなりました。 😠

(例) 不肖、私が、この後を受けて代表の重責を担うこととなりました。

担うには、慣用句として**役割を担う、重責を担う**などがあり、任務や仕事を引き受けるときに使います。役職や職務名だけでなく、**〜の研究／〜の事業／〜の運営**を担うといった使い方もされます。

異動しました ･･････････････････ 担当　　［挨拶］指数 ▶ 😠

私こと〜が担当させていただくことになりました。

(例) 販売は、私こと鈴木が担当させていただくことになりました。

用法 職務を引き継ぐ場合など、従来からある特定の役割に自分が就いたことを知らせる言い回しです。○○を担うこととなりましたと基本は同じ意味ですが、地位や立場にかかわらず使われます。

効用 何の変哲もない言い方ですが、控えめな印象を与えます。

言い換え

私こと〜が務めさせていただきます。　😐

(例) なお広報担当は従来通り、私こと山田が務めさせていただきます。

ここでの**務める**は役目を受けもって事にあたること。上の**担当〜**と同じ使い方ができます。若干ですが、この言い回しのほうが、自己主張を感じさせるかもしれません。

言い換え

私こと〜がご用命を承ることになりました。　😐

(例) 私こと高橋が、かわってご用命を承ることになりました。

用命は用を言いつけること・注文などの意味。主に、営業部門の担当に新任したり、担当を引き継いだ場合に使われる言い回しです。

> 📝**メモ** ここでの**こと**は、2つの名称の間に置いて、両方が同一であることを示します。通常、先が通称で後が正式な呼称の組み合わせで使われます。
> 参 → P.126「（メモ）私こと」

左サイドバー:
前文 | 本文 | 感謝 / 詫び / 説明・弁明 / 依頼 / 問合せ / 恐縮 / 祝福 / 感心 / 了解 / 断り / 通覧 / 受領 / 退/転職 / **異動** / 移転 / 開店・開業 / 閉店・廃業 / 通知 / 採/不採用 / 案内 / 決意表明 / 催促 / 抗議 / 見舞い | 末文 | つなぎの言葉 | メールの小技

異動しました ……… 後任報告　[挨拶]指数 ▶

後任として〜が貴社を担当させていただくことになりましたので

(例) つきましては、私の後任として山田が貴社を担当させていただくことになりましたので、ご紹介申しあげます。

用法 異動または退職の挨拶のなかで、自分の後任を紹介するくだりです。進行中の仕事がある場合や営業系の仕事などでは、前任者の責任として必要になる文面です。
効用 ごくごく標準的な言い方です。普通に受け入れられるでしょう。

言い換え

後任として〜が今後貴社に参上いたしますので

(例) なお、後任として山田が今後貴社に参上いたしますので、私同様よろしくお願い申しあげます。

後任を紹介する言い回しの応用編です。**参上いたす**という表現は、営業担当として自分が頻繁に相手先に出向くような職務であった場合に、ぴったりくる表現です。

言い換え

後任には〜が就任いたしました。

(例) なお、後任には鈴木が就任いたしました。私同様よろしくお引き立てのほど、お願いいたします。

後任を紹介する簡潔な言い回しです。原則とは言えませんが、**就任**を使用するこの言い方は、社長交代などそれなりの役職について使われるケースが多いようです。

異動しました　……　引き継ぎ挨拶　[挨拶]指数 ▶

私同様よろしくお引き回しのほど、お願い申しあげます。

(例) 後任として山田が貴社を担当させていただくことになりましたので、私同様よろしくお引き回しのほど、お願い申しあげます。

用法 異動／退職にともなって後任を紹介するくだりのなかの、結びの言葉です。引き回しは、あれこれ指導したり世話をやくこと。「自分にはかってもらった便宜を後任にもお願いします」という気持ちで使います。

効用 私同様とすることで、「自分はよくしていただいたので」といったニュアンスを表現できます。

言い換え

私同様ご指導、ご鞭撻のほどお願い申しあげます。

(例) 後任として山田が貴社を担当させていただくことになりましたので、私同様ご指導、ご鞭撻のほどお願い申しあげます。

お引き回しをより平易に表現した言い回し。ご指導、ご鞭撻（べんたつ）はビジネス文書の形式的な結びの言葉として登場する常套句です。鞭撻は「強く励ますこと・督励」の意味。凡庸ですが、聞き慣れた言い回しなので、おさまりがよくなります。

言い換え

ご紹介申しあげます。

(例) 後任として山田が貴社を担当させていただくことになりましたので、ご紹介申しあげます。

上の2つの例とは異なり、ご紹介申しあげますと結んであっさりまとめる方法もあります。先方とのやりとりが頻繁でない場合は、上の2つのような言い回しは形式的に聞こえるかもしれません。そんなケースで置き換えて使えます。またご紹介〜はよろしくお願いしますでも代用できます。

移転しました …… 移転報告　[挨拶]指数 ▶

下記に移転することになりましたので、ご案内申しあげます。

(例) このたび当社は、4月1日をもって下記に移転することになりましたので、ご案内申しあげます。

用法 事務所や営業所の移転を知らせる文面のなかで使います。新住所や電話番号などの変更事項は、通常**下記**として、以下に箇条書きにまとめる形をとります。

効用 **ご案内申しあげます**とすることで、あらたまったお知らせのような印象になります。

言い換え

下記へ移転いたしました。

(例) このたび当社は、10月1日をもって下記へ移転いたしました。

移転内容をシンプルに知らせる表現です。書状ではなくメールで案内する場合は、これぐらいのほうがすっきりとした印象になるかもしれません。

言い換え

下記のとおり移転・営業の運びとなりました。

(例) このたび当社は、下記のとおり移転・営業の運びとなりました。

店舗や窓口業務のあるところでは、このように**移転・営業の運び～**という言い方をする場合があります。また、顧客や取引先に案内する内容として、休業期間や営業再開日時などの項目が加わる場合にも使われます。

移転しました ……………… 移転理由 [挨拶]指数 ▶ ☹

業務拡大に[ともない/備え]

(例) このたび当社は、業務の拡大にともない、下記に移転することになりました。

用法 移転の案内のなかで移転理由を示す表現です。前のオフィスよりも広いか同規模の所、または新しい建物に移る場合には、まずこの表現が使われます。さらに具体的に**業務拡大と従業員数の増加にともない〜**とするとリアリティーが増します。
効用 半ば形骸化していますが、すんなりと受け入れられます。

言い換え

これまでの[店舗/オフィス]では手狭となり ☹

(例) これまでの店舗では手狭となり、靖国通り沿いに移転することになりました。

上と同様に拡大を理由とした移転ですが、現在の所を**手狭**と表現することで発展的移転であることがうかがえます。**手狭**は、仕事などに使う建物・部屋がその規模や人数に比べて狭いこと。

言い換え

このたび社屋を改築することにともない ☹

(例) このたび社屋を改築することにともない、下記の通り移転・営業する運びとなりました。

社屋の改築/新築などにともなう移転の場合は、その旨を記します。新築の場合には、**建設中でありました弊社本社ビルが完成いたし〜**といった表現が使われます。

続 「下記へ移転いたしました」 ➡P.132

メモ 移転の理由が常に**業務拡大**とは限りません。その場合好まれるのが、**業務の効率化**という表現。または理由については触れないという方法もとられます。

移転しました ……… 移転先アピール　［挨拶］指数 ▶

新〜は○○駅に近く

(例) 新社屋は地下鉄新宿三丁目駅に近く、交通の便利な場所にございます。

用法 移転先にわかりやすいメリットがある場合に、案内文のなかに加える一文です。とくに**駅から近い**ことなど交通の利便をうたう表現が多く使われます。

効用 発展的移転であった場合はそれを強調でき、そうでない場合も移転のメリットをアピールできます。

言い換え

新〜は○○駅から徒歩△分と

(例) 新しい事務所は新宿駅から徒歩5分と、交通の便利な場所にございます。

駅から近いというメリットをより具体的に表現した言い方です。この表現を活かせるのは、せいぜい徒歩5分圏内に限られるでしょう。

言い換え

新〜は○○通りに面した

(例) 新オフィスは晴海通りに面した、便利な場所にございます。

主に、オフィスや店舗などの人が多く集まる場所の移転で有効な表現です。この表現のなかの、面する○○**通り**とは、大通りや人通りの多いにぎやかな通り、または有名な通りなど何らかの特徴がある通りであることが条件としてあげられます。

移転しました　　　　　　　　　来訪歓迎　　［挨拶］指数 ▶

近くにお越しの節は、ぜひお立ち寄りください。

(例) 今後、何かのご用で近くにお越しの節は、ぜひお立ち寄りください。

用法 移転・引越の挨拶に加えられる常套句のひとつです。会社の移転案内では必須というわけではありません。**立ち寄る**はどこかのついでに訪れることで、この一文は全体で「どうぞ気軽にお越しください」という気持ちを表現できます。
効用 典型的な社交辞令ともとれる無難な言い回しです。

言い換え

今まで以上にお立ち寄りくださいますよう、お待ち申しあげます。

(例) なにとぞ、今まで以上にお立ち寄りくださいますよう、お待ち申しあげます。

上の例が形式化しているのに対して、多少応用させた言い回しです。相手がこれまで実際に立ち寄った前例があることが感じられ、単なる社交辞令ではなく歓迎する気持ちが表現できます。

言い換え

ぜひ一度、足をお運びください。

(例) 新製品を多数そろえてお待ちしております。ぜひ一度、足をお運びください。

立ち寄るがついででであるのに対して、**足を運ぶ**にはわざわざ訪問する、出向いていくという意味もあります。そのせいか、積極的に歓迎する態勢にあることがうかがえます。店舗の開店などで、新店舗のアピールにあわせて使われる言い回しです。

開店／開業しました …… 開業報告

[挨拶]指数 ▶ 😊

新会社を設立いたしました。

(例) このたび、私どもは飲食店開店のコンサルティングサービスを提供する、新会社を設立いたしました。

用法 新たに会社を設立したことを案内する一文です。最もシンプルな言い回しになります。大抵は、**~をする・~の**といった業務内容を説明する表現をともなって案内します。

効用 プレスリリースなどでも使用される表現で、顧客や取引先といった相手の立場を限定しない中立的な報告という感じがします。

言い換え

新会社を発足する運びとなりました。 😊

(例) 4月1日に新会社を発足する運びとなりました。

運びは、物事を進めてある段階に行き着くこと。**運びとなりました**という表現は、前々から準備を進めてついに発足するに至ったという「用意周到」な感じがうかがわれます。イベントなどの開催案内でも使われる表現です。

言い換え

新会社を設立、開業させていただくことになりました。 😊

(例) このたび、私どもは、サイトデザインを行う新会社を設立、開業させていただくことになりました。

開業させていただくことになりましたというへりくだった表現から、控えめに、もしくは丁寧に報告したい感じがうかがえます。初々しい印象も与えられるかもしれません。顧客・取引先となる可能性のある人などに対してはこうした表現が好まれます。

開店／開業しました ……… 開業への思い　[挨拶]指数 ▶ 😀

かねてからの念願でした

(例) 私このたび、かねてからの念願でした会社を設立する運びとなりました。

用法 事業内容など以外で、新会社を修飾・説明する言い回しです。会社設立／店舗開店にかける思いが表現されます。**かねてからの念願**は「以前からひたすら願い続けていたこと」という意味で新しく事を行うときの決まり文句と言えます。
効用 決まり文句とはいえ、新しい事業にかける熱い思いが表現されます。

言い換え

念願かないまして　😀

(例) このたび念願かないまして、デザイナーとして独立することになりました。

これも「夢がかなった」ことを示す決まり文句です。新しく起こした事業／会社／店が自分の念願であったことと、それがかなったという達成感との両方をアピールできます。

言い換え

この際思いきって　😀

(例) この際思いきって、独立して新会社を設立することにいたしました。

上の2つとは毛色が違いますが、やはり開業するに至る思いを表す表現です。**思いきって**は、(やりづらいことを) 決意を固めて、かたく心を決めて、という意味。本来は、「熟慮の結果、決心して開業」という意味を含む表現ですが、「えいや！と決断した」ようにとる人もいるかもしれません。

開店／開業しました ……… 開業の経緯　［挨拶］指数 ▶ 😊

～すべく準備をしておりましたが

(例) かねてより支店を開設すべく準備をしておりましたが、4月1日をもちまして営業開始の運びとなりました。

用法 準備期間を経て開業に至ったということを示す表現です。後には、**新会社を発足する運びとなりました**などのセンテンスが続きます。～すべくは～に向けて・～のためにでも置き換えられます。

効用 ～する運びと組み合わせると、さまざま準備の段階を経て開業したという感じが強調されます。

言い換え

～を進めておりましたが 😊

(例) 店舗改装工事を進めておりましたが、この度工事が完了し、新装開店の運びとなりました。

これは、開業等に向けて進めてきた具体的な作業を示して言う表現。進めてきた対象としては、業務や会社の内容によって、工事や建設、ライセンスの取得手続きなどがあげられます。

言い換え

～をめざし、手筈を整えてまいりましたが 😊

(例) かねてより独立をめざし、手筈を整えてまいりましたが、このたび新しく会社を設立する運びとなりました。

手筈は、物事を実施するときに、前もって予定しておく段取りのことで、**手筈を整える**は決まった言い方。単に**準備する**と言うよりも、さまざまな手配をして段取りをつけているという印象が生まれます。

続 「新会社を発足する運びとなりました」 ➡ P.136

閉店／廃業しました …… 閉鎖報告

[挨拶]指数 ▶

〜は（○月○日をもって）閉鎖いたします。

(例) 長年ご愛顧いただきましたが、横浜営業所は3月末日をもって閉鎖いたします。

用法 事業の廃業を知らせる言い方です。**閉鎖**は施設などを閉じて、活動を停止することを指します。**閉店／廃業**でも置き換えられます。閉鎖する対象となる会社名、施設名などと、通常は閉鎖の日付などをともなって知らせます。

効用 シンプルな表現で用件を淡々と伝えます。

言い換え

（○月○日をもって）〜を閉鎖することに決定いたしました。

(例) 弊社では3月30日付をもって五反田営業所を閉鎖することに決定いたしました。

決定いたしましたという表現は、**決定**が発信者本人以外の意向で行われたニュアンスを含められます。また、本人が**決定**した場合は、「決断」に至るまでの苦悩をにじませられる表現です。

言い換え

（○月○日をもって）〜を閉鎖いたすことに相成りました。

(例) 弊社では、残念ながら代々木事務所を閉鎖いたすことに相成りました。

相成る（あいなる）は**なる**のあらたまった言い方。儀式ばった言い回しですが、きちんとした感じを与えます。厳しい結果を知らせるにはある意味適した表現と言えます。

閉店／廃業しました …… 廃業報告　[挨拶]指数 ▶ ☹

［閉店／廃業］させていただきます。

(例) 誠に勝手ながら、渋谷支店は3月末日をもって閉店させていただきます。

用法 店舗・事務所などで顧客に向けて閉店／廃業を告げる場合などに使われます。主体的な表現である**閉鎖いたします**に比較して顧客を意識したへりくだった言い回しになります。

効用 閉店／廃業が顧客に対してかけてしまう何らかの不便に配慮しているようにもとれます。

参 「閉鎖いたします」 ➡ P.139

言い換え

〜から手を引くことに相成りました。

(例) 弊社は、3月末日をもちまして、通信販売業界から手を引くことに相成りました。

廃業や事業の撤退を間接的な表現で知らせる言い回しです。**手を引く**は、これまで携わっていたことから退く意味。「〜」には、○○事業／○○業界／○○活動などの言葉が入ります。オブラートに包みつつ、比較的わかりやすく事実を伝えられます。

言い換え

〜は(○月○日をもって)解散し、廃業いたします。

(例) 株式会社ジャパンは3月末日をもって解散し、廃業いたします。

廃業を**解散**という言葉をともなって宣言することで、組織の消滅がより強調される印象になります。財務関係に重点をおけば、**清算したうえで、解散いたします**という表現もあります。

閉店／廃業しました ……… 廃業理由　　[挨拶]指数 ▶ ☹

このたび諸般の事情により

(例) このたび諸般の事情により、3月末日をもって渋谷営業所を閉鎖いたすことに相成りました。

用法 廃業の理由を添える際の決まり文句です。**諸般**は、いろいろ、さまざまの意味。**諸般の事情**という表現は、本質的にはその理由は何も言っていないのと同じです。

効用 具体的な内容に触れない大人の言い回しで、「理由はお察しください」といった気持ちが表現されます。

言い換え

このたび都合により　　☹

(例) このたび都合により、3月末日をもって西新宿店を閉店させていただきます。

都合は他の件との関係や事情を指し、**諸般の事情により**とほぼ同じ意味になります。閉店／廃業に限らず、移転などの転機に対しても使用される常套句です。

言い換え

経営合理化にともなう〜により　　☹

(例) 経営合理化にともなう代理店の統廃合により、3月末日をもって西新宿店を閉店させていただくことになりました。

具体的に理由を述べる場合の例です。統廃合により支店がなくなる場合などに使われます。**経営合理化**は、不採算部門の整理といった業務の再構築（リストラ）を表していて、さらに具体的に余剰人員や設備の削減を指しています。「〜」には、**業務縮小の方針や事業規模の集約、代理店の統廃合**といった言葉が入ります。

📝メモ　理由を示す表現にはほかに、**長引く不況にはあらがい難く、時代の流れには逆らえず**などがあげられます。

お知らせします ……… 通知・案内

[通知] 指数 ▶

ご通知申しあげます。

(例) 更新手続きが完了いたしましたので、ご通知申しあげます。

用法 相手に何らかを通知する際に使用する一般的な表現です。
通知は、告げ知らせることでその内容はさまざまですが、この表現の場合、「合格」や「当選」など何かの結果を知らせる場合によく使用されます。
効用 受け取った相手が、一瞬緊張するかもしれません。

言い換え

お知らせいたします。

(例) 営業時間が変更になりましたので、お知らせいたします。

通知よりも広い範囲で使用できる表現です。対個人に向けても日常的に使用しますが、広い対象に向けて伝える場面でよく用いられます。

言い換え

ご連絡いたします。

(例) 商品パッケージの変更について、ご連絡いたします。

連絡は、相手に情報などを知らせることで、1対1で互いに疎通をはかる印象が強くなります。日常の業務を進めるうえで、頻繁に使われる表現です。

お知らせします ……… 通知の内容　　[通知]指数 ▶

このたび、〜することとなりました。

(例) このたび、新宿支店を開設することとなりました。

用法 通知の内容を伝える汎用表現です。退職・異動・移転を案内する文面のなかで使われます。
効用 あらたまって通知する印象になります。

言い換え

〜をもちまして…させていただきます。

(例) 品川店は、8月31日をもちまして閉店させていただきます。

期日と内容を告知するときに使われる表現です。**もちましては**、物事が行われる時を表すもっての丁寧語。閉店・移転など、期日が重要なお知らせに使う決まり文句です。

言い換え

このたび、〜する運びと相成りました。

(例) このたび、ジャパン株式会社と開発部門で提携する運びと相成りました。

運びは、物事が進んで特定の段階に至ること。**相成る（あいなる）** はなるのあらたまった言い方です。ある状態・状況になったことをあらたまって通知するときに使われます。

前文 / 本文

感謝
詫び
説明/弁明
依頼
問合せ
恐縮
祝福
感心
了解
断り
通覧
受領
退/転職
異動
移転
開店/開業
閉店/廃業
通知
採用/不採用
案内
決意表明
催促
抗議
見舞い

末文 / つなぎの言葉 / メールの小技

採用／不採用です …… 結果の根拠　［通知］指数 ▶ ☹

適性検査及び面接の結果

(例) 適性検査及び面接の結果、採用を内定させていただくことになりました。

用法 採用試験の結果を知らせる際に使われる表現です。結果を通知する前置きとして記します。このように**適性検査、面接**といった具体的な記述は、「不採用」ではなく「採用内定」の結果に多く使われます。

効用 通知する結果の根拠を明示できます。

続 「採用を内定することに決定いたしました」 ➡ P.145

言い換え

慎重に検討しました結果　☹

(例) 慎重に検討しました結果、ご期待に添いかねる結果となりました。

どちらかというと、「不採用」の根拠として使われる決まり文句です。「何を」という具体的なことをあげずに、**慎重に検討**として言葉をにごします。

言い換え

試験の結果、慎重に選考を行いましたところ　☹

(例) 試験の結果、慎重に選考を行いましたところ、ご期待に添いかねる結果となりました。

これもまた、どちらかというと「不採用」の結果につなげることの多い言い回しです。書類選考や面接等を含めて**試験**と表し、結果の根拠とします。

続 「貴意に添いかねる結果となりました」 ➡ P.148

採用／不採用です　……　内定通知　[通知]指数 ▶ 😊

採用を内定することに決定いたしました。

(例) 先日の試験の結果、採用を内定することに決定いたしました。

用法 採用内定という結果を知らせる一文です。内定は、正式決定の前に内々に定めることなので、採用と採用内定は区別して使われます。試験後の第一報は、多くの場合、内定という形になります。
効用 決定いたしましたという表現が、結果に重みをつけて言う感じになります。

言い換え

採用を内定させていただくことになりました。 😊

(例) 先日の試験の結果、採用を内定させていただくことになりました。

採用内定を知らせる、ややへりくだった言い方です。

言い換え

採用する旨内定いたしましたので、ご通知申しあげます。 😊

(例) 先日の試験の結果、採用する旨内定いたしましたので、ご通知申しあげます。

採用内定を知らせるあらたまった表現です。旨(むね)は、内容や主旨といった意味ですが、これをはさむことと、あらためてご通知申しあげますと言うことで、かしこまった印象になります。

採用／不採用です ……… 以降手続き内容

[通知]指数 ▶

以下の要領で〜を行いますので、ご来社くださいますようお知らせいたします。

(例) つきましては、以下の要領で内定者研修を行いますので、ご来社くださいますようお知らせいたします。

用法 採用内定を知らせる文面のなかで使用します。内定した後、相手にお願いする事柄を示す文です。これは、研修や説明会などを開くため来社をうながす文面になります。

言い換え

同封の〜に必要事項をご記入いただき、ご返送ください。

(例) つきましては、同封の入社承諾書に必要事項をご記入いただき、ご返送ください。

まずは書類の送付を依頼する文面です。内定の通知とともに「入社承諾書」などの書類を同封し、返送をお願いするような場合に使われます。

言い換え

これからの日程等につきましては、改めてご通知いたします。

(例) なお、これからの日程等につきましては、改めてご通知いたします。

この通知では採用内定の告知だけにとどめ、内定後の手続き・研修の予定などは、改めて知らせる場合に使用する言い回しです。

採用／不採用です …… 不採用に対する遺憾 [通知]指数 ▶ ☹

誠に不本意ではございますが

(例) 誠に不本意ではございますが、貴意に添いかねる結果となりました。

用法 不採用の結果を告げるときの、枕詞の定番です。**不本意**は、自分の本来望むことではないこと。やや簡潔に表した**誠に不本意ながら**という表現も使われます。
効用 受け取る方はいずれにしろいい気はしないものの、定型句でまとめると無難な感じになります。

言い換え

誠に残念ながら ☹

(例) 誠に残念ながら、貴意に添いかねる結果となりました。

不本意を**残念**に置き換えた表現です。この場合の**残念**は、心残りなこと。耳慣れた言葉でまとめることで、相手の気持ちを必要以上に乱さずにすむ効果を期待します。

言い換え

誠に遺憾ながら ☹

(例) 誠に遺憾ながら、貴意に添いかねる結果となりました。

遺憾は残念と同義語で、思うようにならず心残りなこと。企業の不祥事や失態などに対して使われるように、やや大げさな印象が生まれます。

続 「貴意に添いかねる結果となりました」 ➡P.148

採用／不採用です … 不採用通知 [通知]指数 ▶

貴意に添いかねる結果となりました。

(例) 応募者多数のため、貴意に添いかねる結果となりました。

用法 不採用を意味する常套句で、企業等の不採用通知でよく使われる表現です。**貴意**は、相手の考えを指す尊敬語で「お考え」のこと。「要望はかなえられない」ということを遠回しに伝える言い方です。
効用 定番の言い方で、婉曲的かつ間違いなく伝えられます。

言い換え

ご希望にお応えすることができませんでした。

(例) 応募者多数のため、ご希望にお応えすることができませんでした。

誤解のないように、よりわかりやすく伝える表現です。「採用」されることが相手の希望である前提で、それに応えられないとはっきり伝えます。就職活動慣れしていない相手に対して伝えるには効果的です。

言い換え

今回は採用を見合わせさせていただくことになりました。

(例) 誠に遺憾ながら、今回は採用を見合わせさせていただくことになりました。

見合わせるは、事情等を考えたうえで実行せずに様子を見ること。結果のみを伝える上の2つに対して、その経緯をにじませる表現です。結果的には同じですが、即決ではなく結論をためらった印象を含められます。

採用／**不採用です** …… 不採用に対する詫び・逡巡　［通知］指数 ▶ ☹

せっかくご応募いただきましたのに

(例) せっかくご応募いただきましたのに申し訳ありませんが、貴意に添いかねる結果となりました。

用法 不採用を知らせる際に、相手の希望に添えないことを詫びて言う表現です。結論を伝えるにあたって、相手の落胆を少しでもフォローする目的で使います。**せっかく**という表現で、応募してもらった労に報いることができなくて残念だという気持ちを表現します。

効用 応募に対する感謝の気持ちと、希望に添えないお詫びの気持ちが表現できます。

言い換え

わざわざおいでいただきながら　☹

(例) わざわざおいでいただきながら、誠に申し訳ありません。

面接・試験などのために、何度か足を運んでもらった相手に対して使われます。**わざわざおいでいただいた**労をねぎらって言います。

言い換え

ご期待に応えられず　☹

(例) ご期待に応えられず、申し訳ありません。

これは、上の2つの例のように相手の労力に対して申し訳なく思う表現と異なり、自分が相手の期待に応えられなかったことを詫びる表現です。いずれにしても、相手の気持ちを考慮して使います。

採用/不採用です ………… 不採用の理由 [通知]指数 ▶ ☹

なにぶんにも応募者多数のため

(例) なにぶんにも応募者多数のため、あしからずご了承くださいますようお願い申しあげます。

用法 不採用の理由を説明します。**応募者多数**は最も無難な言い方で、一般的に使われる表現です。相手の適性や才能の有無に言及せずに、不採用に至った経緯を伝えられます。
効用 相手が「仕方ない」と納得する材料として有効です。

言い換え

本年度は予想を上回る応募数で ☹

(例) 本年度は予想を上回る応募数で、選考には大変苦慮いたしました。

同様に応募者多数を理由とした言い回しの応用形です。**予想を上回る応募数**という表現で、「不採用者が多く出るのもやむを得ない」という相手の理解を期待します。

言い換え

今回はご縁がなかったものとして ☹

(例) 今回はご縁がなかったものとして、ご了承くださいますようお願いいたします。

ここで言う**縁**は、いわば巡り合わせのことで、人と人との関係において使われます。「この会社で仕事をしていただくという運命にならなかった」という意味になります。上の2つの例と理由は異なりますが、相手の適性や実力などに言及しない抽象的な表現です。

採用／不採用です ‥‥応募者の今後を祈念　　[通知]指数 ▶

今後のご健勝を心からお祈り申しあげます。

用法 不採用通知の結びの言葉として使われる、相手の今後の順調を願う表現です。一般的な書状でもあまり深い意味なく同様の表現を使うことがありますが、不採用という結果を踏まえた文書のなかでは、必ずつける必要のある一文です。**健勝**は、健康ですこやかであること。
効用 効果のほどは別として、相手の気持ちを考えたうえでの結びの言葉としては妥当な表現です。

言い換え

今後一層のご活躍を心からお祈り申しあげます。

上の例が、**健勝**という健康や元気であることを祈るのに対して、**ご活躍**という表現で今後の活動がうまくいくことを祈る表現です。これもよく使われる一般的な表現です。

言い換え

今後ますますのご健勝ご発展をお祈り申しあげます。

祈る対象として、複数のことを重ねて言う例です。対象には、上の例にある**ご健勝・ご活躍・ご発展**などがあげられます。

> 前に、**どうぞお力落としなく**をつける表現も使われます。
> いずれにしても不採用通知である以上、「不採用にした相手から言われたくない」と気分を害する人もいます。独自の言い回しをする必要はないですが、丁重な言い方で伝えるよう心がけましょう。

ご案内します ……… 開催案内 [案内]指数 ▶ 😊

開きますので

(例) 事前会議を下記のとおり開きますので、ぜひご出席ください。

用法 会合や催しへの参加を呼びかける案内に使う表現です。ここでの**開く**は物事を始める・催すなどの意味で使われます。用途としては、会議など社内的な催し、小規模な企画を言うことが多いようです。
効用 大げさに構えずに、さらっと案内できます。

言い換え

開催することになりましたので 😊

(例) 協議会を下記のとおり開催することになりましたので、ぜひご出席くださいますようご案内申しあげます。

意味としては**開く**と同じですが、**開催**とした場合、多少仰々しい感じが加わります。たとえば、会合／催し物が大々的なものになる、または公のものになるイメージがあります。

言い換え

[催したく／催したいと]存じますので 😊

(例) 恒例の忘年会を催したいと存じますので、ぜひご出席ください。

催すは**開催**の同義語で、行事を企画し準備して行うこと。歓送迎会や「～の会」、「～の宴」などでも好んで使われる表現です。丁寧でおしつけがましくない印象を与えます。

ご案内します ……… 実施案内 [案内]指数 ▶

行いますので

(例) 本年度の会社説明会を下記のとおり行いますので、ご案内します。

用法 行事を案内する場合に使うごく一般的な表現です。幅広く使用されますが、案内する内容としては、説明会などあまりイベント性の強くないものになる傾向があります。
効用 事務的に案内できます。

言い換え

実施することとなりましたので

(例) 販促キャンペーンを下記のとおり実施することとなりましたので、お知らせいたします。

会合や催しの案内に限らず、キャンペーン・プロジェクト・アンケートといった広範囲の行事や活動などについてその実行を知らせる表現です。**実施**は行うの同義語。

言い換え

～する企画を立てましたので

(例) 関係施設を視察する企画を立てましたので、ご案内します。

企画したこと、計画を立てたことを言うことで、行事の実施を知らせる表現です。実施できるか否か検討中の内容についても使われます。この表現は、関係者など比較的身内に向けて発信する内容に使われます。

| ご案内します　　　　　　　　開催案内 | [案内]指数 ▶ 😊 |

開催する運びとなりました。

(例) 日韓合同美術展を開催する運びとなりました。

用法 運びは、物事を進めてある段階に行き着くこと。**運びとなりました**という表現は、前々から準備を進めて開催するに至ったという意味になります。大がかりな準備が必要な行事の開催案内などで使われる表現です。
効用「いよいよ」開催に至ったという感じが表れます。

言い換え

開催いたすことになりました。 😊

(例) 西関東連絡協議会を開催いたすことになりました。

開催することになりました〜の丁寧バージョンで、よく使われる表現です。**いたす**は**する**の丁寧語。**運びになりました**とは別の意味で、あらたまって開催を知らせるときに使われます。

参 「開催することになりましたので」→P.152

言い換え

〜の開催日時が下記のとおり決まりました。 😊

(例) 隅田川花火大会の開催日時が下記のとおり決まりました。

行事を開催することが前提にあって、その開催日時の報告に力点をおいた表現です。開催すること自体は以前に案内済みで、それを受けて使うこともできます。

ご案内します ･･････････ 出席の呼びかけ　　[案内]指数 ▶ 😊

ぜひご出席くださいますよう

(例) 年に一度の総会ですので、ぜひご出席くださいますようご案内申しあげます。

用法 行事への参加を求める表現です。何の変哲もないベーシックな表現ですが、汎用性が高くよく使用されます。
効用 どんな内容の行事でも使える、伝わりやすい表現です。

言い換え

ぜひご参加賜りますよう 😊

(例) ご多忙中とは存じますが、ぜひご参加賜りますようご案内申しあげます。

平易な単語である**参加**に**賜る**を組み合わせることで格調高い印象になります。**賜る**は、していただくという意味。目上の人や立場が上の人への案内はもちろん、ビジネス関連のセミナー、発表会などの行事では一般的に使用される表現です。

言い換え

ぜひお運びくださるよう 😊

(例) お誘い合わせのうえ、お運びくださるようご案内申しあげます。

運びは足を運ぶこと、わざわざ出向いていくことの意味。**お運びください**は、いらしてくださいという気持ちで広く案内に使える言葉です。なかでも、展示会や上映会、各種発表会など「見ること」への案内でよく使われます。

続 「ご案内申しあげます」→P.156

ご案内します …… 案内一般 [案内]指数 ▶ 😊

ご案内申しあげます。

(例) ぜひご出席くださいますよう、ご案内申しあげます。

用法 ～を開きますのでなどを使った内容提示の語句や、ぜひご出席くださいますようなどの参加を求める語句に続けて、文を締めくくるときの表現です。それ以前に書かれた内容を、あらためて「お知らせする」という気持ちで使われます。
効用 丁重にお知らせしたい気持ちが表れます。

言い換え

ご案内かたがたお願い申しあげます。 😊

(例) ぜひご出席くださいますよう、ご案内かたがたお願い申しあげます。

お願い申しあげますで締めくくることで、行事の内容の案内にあわせて、ぜひ参加してほしいという気持ちが強調されます。かたがたは、あわせて・かねて の意味。

言い換え

お待ち申しあげます。 😊

(例) 皆様のお越しを、心からお待ち申しあげます。

お待ち申しあげますは、お待ちしますを敬意をこめて言う言葉。これも案内した行事への参加／出席を望む気持ちを表した締めくくり表現です。

続 「開きますので」 ➡P.152、「ぜひご出席くださいますよう」 ➡P.155

ご案内します　……　参加呼びかけ　[案内]指数 ▶ 😃

ご参加をお待ちしております。

(例) **総決起集会を開きますので、関係各位のご参加をお待ちしております。**

用法 行事を案内する文面のなかで、参加を呼びかける直接的な表現です。参加の言葉があてはまる幅広い行事に対して使える表現で、ごく普通の使いやすい言い回しです。

効用 口語的な言い回しで、違和感なく受け入れられます。

言い換え

お気軽にお越しください。 😃

(例) 個展を開催いたしますので、どうぞお気軽にお越しください。

行事に誘う決まり文句です。丁寧な言い回しですが、親しみやすい印象になります。会議などの堅い会合ではなく、不特定多数の人が集まるようなイベントなどで使いやすい表現ですが、その一方で相手が気負う可能性がある行事に対してあえて使われることもあります。

言い換え

ふるってご参加ください。 😃

(例) どなたでも参加可能ですので、ふるってご参加ください。

これも行事の案内文に使う決まり文句のひとつ。**ふるって（奮って）** は、進んで・積極的にという意味です。奮うのイメージからか、スポーツイベントなど活動的なものへの参加の呼びかけの常套句となっています。また、**ふるってご応募ください**もよくある使い方です。

前文 | 本文

ご案内します ……… 出席呼びかけ—丁寧　[案内]指数 ▶ 😊

ご来臨くださいますよう

(例) ぜひご来臨くださいますようご案内申しあげます。

用法 ご出席くださいますようという気持ちを敬意をこめて言う言い方です。**来臨**は他者がある場所に出席することの尊敬語。企業間での招待や披露宴の案内のなかなどで登場します。
効用 メールでやりとりされる文面としては、やや仰々しすぎるかもしれません。

言い換え

ご臨席賜りますよう　😊

(例) 万障お繰り合わせのうえ、ご臨席賜りますようお願い申しあげます。

臨席は席にのぞむ、出席することです。この言葉そのものは敬語ではありませんが、**賜る**と組み合わせて「ご出席いただけますよう」という意味の丁寧な表現になります。

言い換え

ご来駕の栄を賜りますよう　😊

(例) なにとぞご来駕の栄を賜りますようお願い申しあげます。

来駕は他者がやってくること・来訪の尊敬語です。**栄**は名誉・ほまれのことで、「お越しいただくという名誉」を頂戴できますよう、という気持ちを表した表現です。来てもらうことに対して最上級の敬意を示していることになります。

続 「ご案内申しあげます」 ➡P.156

ご案内します ………… 出席呼びかけ　[案内]指数 ▶ 😊

万障お繰り合わせのうえ

(例) **万障お繰り合わせのうえ**、ぜひご参加くださいますようご案内申しあげます。

用法 参加を呼びかける／出席をお願いする文面の決まり文句です。**万障**は、さまざまなさしさわりのことで、**繰り合わせる**は、時間などをやりくりして都合をつけること。「お忙しいでしょうが、どうにか都合をつけて」という気持ちで使われます。
効用 本来はぜひ出席してほしいという気持ちを示すものですが、定番表現のため、ほとんどかけ声のように聞こえると思われます。

言い換え

ご都合がよろしければ 😊

(例) **ご都合がよろしければ**、ぜひご参加くださいませ。

参加を呼びかける気持ちの強さでは、消極的なほうになります。その一方で、相手の都合を配慮した控えめな言い方とも言えます。

言い換え

よろしくご検討のうえ 😊

(例) **よろしくご検討のうえ**、ご参加いただければ幸いです。

ここでは「参加／出席することを検討していただいて」という気持ちを表す表現です。ビジネスの文書では、案内の文面に限らずよく使われる表現です。まだ参加するかどうか検討の対象にもあがっていないような状態でも使われます。

続 「ぜひご出席くださいますよう」➡P.155、「ご案内申しあげます」➡P.156

ご案内します ……… 出席呼びかけ　　[案内]指数 ▶ 😊

皆様おそろいで

(例) **皆様おそろいで**お越しいただけますよう、お待ちしております。

用法 送信相手とその周囲の人も含めて、行事への参加／出席を呼びかける表現です。特定の相手ではなく、多数に送信し案内するケースでも使えます。

効用 家族単位、会社の部課単位などグループでまとめて呼びかけるのに有効です。

言い換え

皆様お誘い合わせのうえ　　😊

(例) **皆様お誘い合わせのうえ**、ご来場くださいませ。

これも、送信相手とその周りの人に向けた言い回しですが、**誘い合って**という表現を使うことで、呼びかける対象がグループ単位からさらに広がる感じになります。

言い換え

～様もどうぞご一緒に　　😊

(例) アシスタントの**山田様もどうぞご一緒に**ご参加いただけますよう、お待ちしております。

相手とさらにその近くにいる特定の人（達）を誘う際に使えるフレーズです。たとえば、夫婦単位で招待する場合に**奥様もどうぞご一緒に**というのが典型的な例ですが、対企業の場合、**営業2課の皆様もどうぞご一緒に**という使い方もあります。

続「ぜひご出席くださいますよう」➡P.155、「ご案内申しあげます」➡P.156

ご案内します ……… 出席者への要望　　[案内]指数 ▶ 😊

ご高評をいただきたく

(例) ぜひともご出席のうえご高評をいただきたく、ご案内申しあげます。

用法 会合の内容が、相手に何かを見せて意見をもらいたい場合、たとえば商品の発表会や展示会などの案内に添える言い回しです。**高評**は、他者がする批評の尊敬語です。「批評を聞かせていただきたい」という気持ちで使います。

効用 相手を尊敬し、一家言（いっかげん：見識ある意見）を期待している気持ちが伝えられます。

言い換え

忌憚のないご意見、ご要望を賜りますよう 😊

(例) 忌憚のないご意見、ご要望を賜りますよう、お待ち申しあげます。

上の**ご高評**と異なり、もう少し一般的に率直な意見を求めるイメージです。たとえば、サービスに対するお客さんの反応を聞く場合など。**忌憚（きたん）**は、遠慮のことで、通常「ない」など否定語をつけて使います。

言い換え

ご忠告などを承りたく 😊

(例) ご出席のうえ今後の経営活動へのご忠告などを承りたく、ご案内申しあげます。

忠告は、心をこめて相手の過ち・欠点を直すよう勧めることで、アドバイスや助言という意味も含みます。立場が上の人に会議や企画説明会といった会合への出席をお願いする場合などに使われます。**ご教示・ご鞭撻**などもあてはまります。

ご案内します ……… 出欠の返事 [案内]指数 ▶

出欠のお返事を

(例) 準備の都合がございますので、7月31日までに出欠のご返事を返信メールにてくださいますよう、お願い申しあげます。

用法 行事／催しを案内する文面で、それが事前に出欠を確認する必要があるものの場合につけ加える一文で使う表現です。**出欠のお返事**は一般的な言い方で、幅広く使えます。
効用 率直な表現で、そのままストレートに伝わります。

言い換え

ご出席のご都合を

(例) ご出席のご都合を、返信メールにてくださいますようお願い申しあげます。

出欠のお返事という直接的な言い方に対して、もう少し腰を低くした表現です。**ご出席のご都合**の場合、「出席できるかどうか、そのぐあい」を尋ねるような言い方になります。

言い換え

ご参加の諾否を

(例) ご参加の諾否を、返信メールにてくださいますようお願い申しあげます。

諾否は承諾するか否か、という意味。「参加する・しない」をはっきり尋ねる言い方です。セミナーやフォーラムへの出欠などを事務的に問うようなときに使われます。

続 「お知らせくださいますよう、お願い申しあげます」 ➡ P.163

ご案内します ……… 返事を求む　　[案内]指数 ▶ 😃

お知らせくださいますよう、お願い申しあげます。

(例) 出席の可否をお知らせくださいますよう、お願い申しあげます。

用法 案内文のなかの出欠の返事等、返信をお願いするときに使われるフレーズです。メール文で使った場合、通常メールでの返信を期待していることになりますが、他の連絡方法も受け付ける含みをもたせられます。
効用 手段を明確にする場合は、**メールにて**などをつけることで使い分けできます。

言い換え

お教えくださいますよう、お願い申しあげます。 😃

(例) 出席の可否をお教えくださいますよう、お願い申しあげます。

これも「返信してください」という意図のソフトな言い方です。この場合の**教える**は、(知っていることを) 告げる意味で使われ、**知らせる**とほぼ同じ意味になります。**知らせる**以上に返信の方法に幅をもたせた感じになります。

言い換え

ご連絡くださいますよう、お願いいたします。 😃

(例) 出席の可否をご連絡くださいますよう、お願いいたします。

連絡を使用したこの例は、上の2つに比較するとやや事務的な感じがするかもしれません。迅速にやりとりしたい場合は、遠回しに言うよりこうした表現のほうがわかりやすいでしょう。

続「出欠のご返事を」→ P.162

がんばる所存です …… 努力の決意 [決意]指数 ▶ 😃

（社業の発展に）**努める**

（例）社業の発展に努める所存です。

用法 決意を表明するときに使う言葉です。大役を担ったとき、役職等に就任した際の挨拶として使われます。「（社業の発展に）努める」はそのままの意味で、最も基本的なよく使われる表現です。
効用 決意が表れると同時に謙虚な印象も生じます。

言い換え

（社業の発展に）**専心いたす** 😃

（例）社業の発展に専心いたす所存です。

専心は、心を集中してひとつのことを行うことで、**努める**を言い換えて使います。役を務めるにあたって気持ちの入りようを表現するには効果的な言い回しです。

言い換え

（社業の発展に）**尽くす** 😃

（例）社業の発展に尽くす所存です。

尽くすは、精一杯働く、尽力することです。〜に尽くすという使い方で、「人や団体のために努力すること」を言い表します。その努力のさまが、献身的なものであることを表現できます。

続 「所存でございます」 ➡ P.165

| がんばる所存です | 決意表明 | [決意]指数 ▶ 😊 |

所存でございます。

(例) 社業の発展に努力いたす所存でございます。

用法 決意表明する場合の決まり文句です。**所存**は、考え、心のなかに思うところの意味で、あらたまって意見を述べる場合などに使います。「〜ということを心に決めております」という気持ちで用いられます。

効用 単に「考えています」と言うよりも、襟を正した感じで伝えられます。

言い換え

覚悟でございます。 😊

(例) 一層の努力をする覚悟でございます。

覚悟は、心構えをすることです。とくに困難な状況などを予測し、対応する心の準備を指します。困難に立ち向かう気持ち、決意のほどが表現されます。

言い換え

〜したく存じます。 😊

(例) より一層業務に精励いたしたく存じます。

存ずるは、（〜したいと）思う・考えるのへりくだった言い方です。**微力を尽くしたいと存じます**のように使います。**覚悟でございます**に感じられる強い決意と比較すると、控えめな言い方になりますが、応用しやすくよく使われる表現です。

がんばる所存です ……… 努力の決意　[決意]指数 ▶ 😊

努めてまいります。

(例) 斬新な商品開発に努めてまいります。

用法 役割を担ったときや失敗後の信頼回復を目指すときなどに、「努力」する意思を表明する言い方です。**所存でございます**などを使うよりも日常的なシンプル表現ですが、**まいる**を使うことでへりくだった言い方になります。
効用 かしこまりすぎず、謙虚に対応する姿勢が表れます。

📖 「所存でございます」 ➡P.165

言い換え

努力してまいりたいと思います。 😊

(例) スタッフ一同、より一層努力してまいりたいと思います。

努めてを**努力して**に言い換えた応用表現です。**努力**は、努めるの同義語ですが、より力の入った直接的な表現に聞こえます。

言い換え

努力していくつもりです。 😊

(例) よい作品に仕上げられるよう、努力していくつもりです。

ここでの**つもり**は所存（P.165）と同じく、考え・意図という意味で、**努力する所存です**と言い換えられます。ただし、**つもり**が、これとは別に「実際はちがうのにそうであるかのような気持ち」という意味をもつためか、本来の意味どおりに受け取られない可能性もあります。

がんばる所存です ……… 努力の対象　[決意]指数 ▶ 😊

社業の発展に

(例) 社業の発展に努める所存でございます。

用法 転勤、就任等の挨拶における決意表明で使われる表現です。社業は会社の事業の意味。異動・就任・移転などを知らせる文書のなかで使われる標準的な表現です。
効用 よく使用される無難な言い回しと言えます。

言い換え

社業の繁栄に 😊

(例) 社業の繁栄に努める所存でございます。

同じく社業について、発展することを繁栄と置き換えた言い方も使用されます。繁栄は、(事業等が)勢いよくさかえる意味で、発展とほぼ同じ意味です。たとえば、「**業界の発展、社業の繁栄**」と同じ言葉を重ねて使うことを避ける場合などに使用されます。

言い換え

業界の発展に 😊

(例) 業界の発展に努める所存でございます。

会社の事業に留まらず、範囲を広げて同じ産業に従事する人々の発展を対象とした表現です。業界をまたぐような大きな話題に限らず、同業界の他社に転職する挨拶などでも使われます。

> **メモ** 〜に努める所存ですの「〜」に使われる言葉は、さまざまなものがあります。ここでの言い方は、おもに企業内の人事異動に際して社内外に発表する挨拶のなかで使われるものです。

がんばる所存です ……… 努力のほど　[決意]指数 ▶ 😊

全力をあげて

(例) 全力をあげて、業界の発展に努める所存です。

用法 決意表明するなかで、**努力**のほどを修飾して言う表現です。**全力**はもてるすべての力で、最大限の努力をするという気持ちで使われます。就任の挨拶や謝罪の場面など、さまざまなシーンで使われる表現です。
効用「なにがなんでも」という必死さを表現できます。

言い換え

一意専心 😊

(例) 一意専心、研究と開発に打ち込む所存です。

一意専心は、心をひとつのことに集中することです。**一意専心する**とは、わき目もふらずにそのことに尽力するという意味になります。大役を担ったときや、新しいことに挑戦する際の決意を表すのに効果的な表現です。

言い換え

鋭意 😊

(例) 新しいプロジェクトについては、鋭意進行中でございます。

鋭意は、心を集中して事に励むことで、主に副詞的な使い方をします。意味や使い方としては**専心**に近いものですが、例のように**鋭意進行中でございます**などの形で比較的日常でも使われます。

(続)「努める」→P.164、「努めてまいります」→P.166

がんばる所存です ……………… 支援・励み　[決意]指数 ▶ 😊

皆様のご期待に添うべく

(例) 皆様のご期待に添うべく、全力をあげて努めてまいります。

用法 決意表明のなかで、「何のために・どのように」がんばっていくかを示す表現です。主に、自分を支援してくれる人に対して言うときに使われます。**期待に添うべくは、役割を担ったとき**などに使われる表現です。

効用 自分のためだけでなく、人のためにもというニュアンスを含められます。

言い換え

皆様のご芳志に報いるため　😊

(例) 皆様のご芳志に報いるため、努力してまいります。

芳志（ほうし）は、相手の親切心をや心遣いの尊敬語。入学・就職・転職・栄転などの転機に、お世話になった相手に対して言うときに使います。新天地でがんばることを報告する表現です。

言い換え

皆様の厚いご信頼にお応えするため　😊

(例) 皆様の厚いご信頼にお応えするため、鋭意努めてまいります。

信頼は、信じて頼りにすること。人を代表するような立場に立った場合などに使われる表現です。たとえば、何らかの役職に就くことや、選挙に出馬することなどがあげられます。また、商品を提供する企業が顧客に対して表明する言葉にも使われます。

続 「努める」 ➡P.164、「努めてまいります」 ➡P.166

がんばる所存です …… 反省・自戒 [決意]指数 ▶

今後はこのような不手際のないよう

(例) 今後はこのような不手際のないよう、厳重に注意いたします。

用法 自分の失敗の後で、今後の決意について言うときに使う言葉です。今回の失敗を指して言います。**不手際**は、「物事の処理方法や出来が悪いこと」を言います。連絡ミスや納期の遅延など、比較的日常で起こる問題に対しても使われる表現です。

効用 非を自覚して言うことで、**気をつけます**という決意の補強となります。

言い換え

今後はこのような不祥事は起こさないよう

(例) 今後はこのような不祥事は起こさないよう、厳重に注意いたします。

不祥事は、「当事者にとって好ましくない事件・事柄」のことで、**不手際**よりも起こった問題が大きいように聞こえます。事件性のあるもの、内外に大きく影響する事柄などを指して使われます。

言い換え

今後はこのようなことのないよう

(例) 今後はこのようなことのないよう、厳重に注意いたします。

起こした失敗、起こった問題を**このようなこと**と抽象的に言う表現です。今後気をつける気持ちを表明するにしても、その内容が**不手際**なのか**不祥事**なのか言えない場合、言及したくない場合に使える便利な表現です。

続「厳重に注意いたします」→P.171

参「申し訳ありません」→P.44〜61

がんばる所存です ………… 反省・自戒   [決意]指数 ▶

厳重に注意いたします。

(例) 今後はこのようなご迷惑をかけることのないよう、厳重に注意いたします。

用法 問題が起こった後で、今後どう対応するかを表明するときの表現です。このフレーズは、自分自身の心がけを言う以外にも、管理者が部下等への注意を徹底することを表明するときにも使われます。

効用 いいかげんを許さない、厳しい姿勢が読みとれます。

言い換え

万全の注意を払う所存でございます。

(例) データのセキュリティーには万全の注意を払う所存でございます。

万全の注意は、完全でまったく手落ちのない注意のことを表す常套句。問題を決して起こさないという強い意志を表して使います。

言い換え

～を…に周知徹底させます。

(例) 丁寧なご案内を心がける方針を店員一同に周知徹底させます。

周知徹底は、広く知らせて行き届かせること。今後の対応について、関係者全員に方針などを徹底して、事にあたらせることを公言する表現です。トラブルに際して、会社としての対応姿勢を表明するような文書で使われます。

催促なのですが ……… 状況を問う

[催促]指数 ▶ 😞

(〜いただいておりませんが、)どのようになっているのでしょうか。

(例) 原稿をまだお送りいただいておりませんが、どのようになっているのでしょうか。

用法 対象をはっきりと限定せずに**どのように**という表現を使って状況に探りを入れる、間接的な催促のフレーズです。仕事の進行上の催促、商品の発送の催促、借金の返済の催促など、さまざまな**催促**のシーンで使われます。

効用 初期段階の事情がわからない状態で、催促をにおわせつつ問い合わせるには効果的な表現です。

言い換え

(〜いただいておりませんが、)**いかがなりましたでしょうか。** 😞

(例) お見積もりのお返事をいただいておりませんが、いかがなりましたでしょうか。

いかがは**どのように**と同様の意味で使われています。**いかがなりました**という表現から、「もう結果が出ているはずだけど」というニュアンスがうかがえます。

言い換え

(〜いただいておりませんが、)**いかがされたものかと案じております。** 😞

(例) ご連絡をいただいておりませんが、いかがされたものかと案じております。

催促という意味では、かなり婉曲的な表現です。ここでの**案ずる**は、いろいろ考えをめぐらすというような意味です。相手が好意的にとると、「何かあったのではないかと心配している」というニュアンスも含まれます。

| 催促なのですが ………… 期日通過の指摘 | [催促]指数 ▶ |

本日現在まだ

(例) 本日現在まだご入金いただいておりません。

用法 期日・締め切りのある事柄について催促する場合の表現方法です。**まだ**遂行されていない事柄について、**本日現在**という時間を意識させる言い回しでプレッシャーをかけます。メールで使われる一般的な表現です。
効用 **本日現在**とすることで、確認・記録して連絡している感じが出ます。

言い換え

本日○月○日になっても

(例) 本日3月3日になってもいまだに到着せず、大変困惑いたしております。

即時に届くメールで、あえて日付を入れて確認する表現です。受信時間は記録に残るうえ、**本日**と具体的な日付を重ねると、念を入れて確認している印象が生まれます。

言い換え

期日を過ぎた現在、いまだに

(例) その期日を過ぎた現在、いまだにご回答がありません。

具体的な日付には言及せずに、**期日**が過ぎていることを表現した言い回しです。その**期日**が、相手との間で了承済みである場合に使われる表現です。約束したはずの期日を過ぎた今日になってもまだ、という気持ちで**催促**する意向を表現します。

催促なのですが　………… 期日通過の指摘　[催促]指数 ▶ ☹

すでに大幅に日時を経過しております。

(例) お約束の日から、すでに大幅に日時を経過しております。

用法 約束した期日を前提に催促するときの一文で、過ぎた期日をぼかした言い方です。具体的ではないものの、**大幅に**という表現で、**遅延している事実**を伝えます。同様の意味で、**その後、相当の日時を経過〜**という表現もあります。

効用 お約束の日を**大幅に**過ぎていると表現することで、相手にプレッシャーをかけます。

言い換え

すでにお約束の期限はもう○日も過ぎております。　☹

(例) すでにお約束の期限はもう10日も過ぎております。

期日からの日数を具体的に明記する表現です。期日を**お約束の期限**という言葉に置き換えてやわらかく表現する一方で、「約束した」ということを念押しするような言い方になっています。

言い換え

当初の締め切りを○日も過ぎております。　☹

(例) 当初の締め切りを10日も過ぎております。

締め切りは、**期限**の同義語で、取り扱いを打ち切ることです。前もって約束した**期日**を**締め切り**という言葉で表現することで、「区切られた期限」を過ぎていることがより強調される感じが生まれます。

催促なのですが ………… 音信不通の非難　　[催促]指数 ▶ ☹

何らご連絡がありません。

(例) 本日4月1日になっても、何らご連絡がありません。

用法 催促の前提となる、連絡がないことを訴える一文です。何らは、後ろに否定の表現をともなって、「少しも」という意味になります。まったく連絡がないことを非難して言う表現になっています。
効用 催促しなければ連絡が来ないことを、不満に思う気持ちが表れています。

言い換え

いまだにご連絡に接しません。　☹

(例) 期日は過ぎておりますが、いまだにご連絡に接しません。

「連絡がない」ことを、連絡に接しないという言い方で婉曲に表現しています。この場合の接するは、「出くわす、出会う」という意味。たとえば「事情があって遅れる」「予期せぬことが起こった」など、そういった連絡がまったくないということが印象づけられます。

言い換え

ご連絡くださるご様子もないまま、幾日も過ぎております。　☹

(例) 期日は5月10日でしたが、ご連絡くださるご様子もないまま、幾日も過ぎております。

幾日は、多くの日のこと。要するに「何日も連絡がありません」ということを言っているのですが、丁寧で情感に訴えかける表現になっています。

催促なのですが　　　　　　事情の推測　　[催促]指数 ▶

ご多忙のためご失念かと存じますが

(例) ご多忙のためご失念かと存じますが、9月分のご入金が確認できておりません。

用法 遅れている（催促される状況になっている）事情を察して言う一文です。**失念**は、うっかり忘れてしまうこと。本当にそう思っているかは別として、「忙しくてお忘れかもしれませんが」という意味で前置きとして使います。
効用 催促することがぶしつけにならないように、文面をやわらげる効果があります。

言い換え

ご多忙のため〜もれになっているのではないかと存じますが

(例) ご多忙のため送付もれになっているのではないかと存じますが、請求書を至急お送りいただけますよう、お願いいたします。

同じく多忙を理由に、するべきことが遅れていることを察して言う表現です。〜もれの部分に、本来すべき事柄を入れて言います。入金・送付・確認など、具体的に言い表せる事柄の場合に使われる表現です。

言い換え

何らかの手違いかとも存じますが

(例) 何らかの手違いかとも存じますが、先日注文した商品が本日現在、まだ到着しておりません。

遅れている事情を、「忘れている」のではなく**何らかの手違い**と表現した言い回しです。**手違い**は、段取りや手配の間違いのこと。「すべきことはしたけど、手続きなどにミスがあるのでは」という意味で使われます。本当に確認してもらいたい場合でも、単なる前置きとしてでも使われます。

催促なのですが ……………… 当方の事情 　[催促]指数 ▶ ☹

当方～の都合もございますので

(例) 当方プロジェクト進行上の都合もございますので、至急ご検討のうえお返事いただけますよう、お願いいたします。

用法 催促している事柄が行われないと困るという、こちらの事情を述べるくだりです。「～」には、**進行上**といった一般的なものから**資金繰り・帳簿整理**といった経理関連の内容まで、さまざまな形が使われます。

効用 履行されなければ困るという状況を具体的に表現して、相手の良心に訴えかけます。

言い換え

弊社といたしましては～などに困りますので ☹

(例) 弊社といたしましては資金繰りなどに困りますので、早急にご入金いただけますようお願いいたします。

上の例の**都合がある**という表現に対して、よりダイレクトに**困る**と示した言い回しです。遅れることで、明確にこちら側が迷惑をこうむることを表現して、催促につなげます。

言い換え

当方でも今後の見通しがたたず困っておりますので ☹

(例) 当方でも今後の見通しがたたず困っておりますので、至急ご連絡いただけますよう、お願いいたします。

上の2つの例で、**困る**内容として示した「～」の具体的な内容を**今後の見通し**という抽象的な表現に置き換えた言い回しです。進行上の都合や経理上の問題など、広い範囲に適用できます。

催促なのですが　……………… 催促の経緯　[催促]指数 ▶

お電話で再三にわたりお願いしておりますが

(例) お電話で再三にわたりお願いしておりますが、資料のご返却をお願いいたします。

用法 これまでの**催促**の経緯を述べて、相手の対応の不誠実を示す言い回しです。これは電話で催促を続けてきた場合に使う表現で、メールに置き換えても使えます。**再三**は、たびたびの意味。
効用 「これほどお願いしてきたのに」という事情を背景にして、今回の催促の意味を強められます。

言い換え

直接おうかがいしてお願いしたにもかかわらず

(例) 直接おうかがいしてお願いしたにもかかわらず、お約束を守っていただけないのは非常に心外です。

以前に、直接会って約束した経緯がある場合に使用します。直接会ったのが、最初に約束（契約）したとき、または、後日催促に訪れたときのいずれの場合でも使用できます。

言い換え

何度か催促申しあげたにもかかわらず

(例) 何度か催促申しあげたにもかかわらず、ご返済いただいておりません。

手段には言い及せず、何回か催促してきたことを言う表現です。**催促**を**督促**に置き換えると、おもに債務の履行（多くは借金の返済）を催促する意味になります。

催促なのですが ……… 遅延に対する困惑　[催促]指数 ▶ 😞

大変困惑いたしております。

(例) たび重なる催促にも応じていただけず、大変困惑いたしております。

用法 催促せざるを得ない状況について困っていることを表現して言います。**困惑**は、困ってどうしたらよいか判断がつかないこと。再三の催促にも応じてくれないようなケースで使われます。
効用「こんなに困っている」という状況を伝え、相手の良心に訴えかけます。

言い換え

どうしたものかと苦慮している次第です。　😞

(例) たび重なる催促にも応じていただけず、どうしたものかと苦慮している次第です。

苦慮は、よい方法を求めていろいろと考えることです。「どうしたものか……」という表現に、**困惑**という言葉を直接使う以上の困惑ぶりが表現されます。

言い換え

途方に暮れております。　😞

(例) たび重なる催促にも応じていただけず、途方に暮れております。

途方に暮れるは、手段や方法がなくてどうすべきかわからないという意味の慣用句です。幾度の催促にも応じてくれなくて、手だてがなくて困っている気持ちを表して使います。

催促なのですが　……………　対処を求む　　[催促]指数 ▶ ☹

迅速に〜くださるよう、お願い申しあげます。

(例) 迅速にお手配くださるよう、お願い申しあげます。

用法「〜してください」という直接的な催促の表現です。「〜」にはすべき内容を入れ、**迅速**ですみやかな対応を要求します。行動を急がせる場合の一般的な表現です。
効用 求める内容を具体的に示すことで、相手が無視できないような雰囲気にできます。

言い換え

本メール着信後、即刻〜ください。　☹

(例) 本メール着信後、即刻ご連絡ください。

メールを着信したら即刻という表現は、メールの即時性を考えると、受信側には心理的な強制力を与えます。また、電話をして不在だった場合にも有効です。伝言では十分に伝えられない内容も、メールであれば用が足りるでしょう。

言い換え

誠意ある処置をしていただきますよう、お願い申しあげます。　☹

(例) なにとぞ誠意ある処置をしていただきますよう、お願い申しあげます。

具体的に求める対処は示さず、抽象的に催促する表現です。**誠意ある処置**とは、「現状が不誠実だ」と言っているようなもので、相手にとっては具体的に何かを求められる以上にプレッシャーになるかもしれません。

催促なのですが……回答を求む　[催促]指数 ▶

折り返しなにぶんのご回答を承りたく

(例) 折り返しなにぶんのご回答を承りたく、ご連絡のほどお願い申しあげます。

用法 こちらの催促に対して、とにかく回答することを求めるときに使う表現です。**折り返し**は、すぐに返事や返答をすること。連絡が十分にとれない相手に対して言う表現です。
効用 折り返しや**なにぶん**(何らか)という表現で、連絡をくれない相手にプレッシャーをかけます。

言い換え

ご事情についてご回答いただけますよう

(例) ご事情についてご回答いただけますよう、お願い申しあげます。

催促する内容が遅れている要因、連絡がとれない理由などの事情を求める表現です。「何か事情があるのでしょう」という気持ちを含めて使われます。一方で、「事情があるなら言ってみろ」という圧力ともとれます。

言い換え

何日ごろご回答いただけますか、ご連絡のほど

(例) 何日ごろご回答いただけますか、ご連絡のほどお願い申しあげます。

回答そのものの期日を確かめる表現です。回答が催促する内容である場合のほか、本来催促する内容について予定を聞き出す場合にも使われます。「せめてその回答だけでも」といったニュアンスを含められます。

催促なのですが ・・・・・・・・・・・・ 最後通牒　［催促］指数 ▶

〜のない場合は、最後の手段をとることにいたしますので

(例) ご返済のない場合は、遺憾ながら最後の手段をとることにいたしますので、ご承知おきください。

用法 数度の催促にも応じてもらえない場合に記す言葉です。**最後の手段**とは、一般に**法的措置**のこと。この場合の催促は、おもに債務の履行（多くは借金の返済）を対象としたものになります。

効用 最後の手段に出たという強いプレッシャーになります。が、ここに至るまでは慎重な検討が必要です。

言い換え

しかるべき方法に訴えるほかございませんので

(例) ご連絡のないままにお支払いいただけない場合には、しかるべき方法に訴えるほかございませんので、ご承知おきください。

しかるべき方法もまた**最後の手段**同様に、**法的措置**のことを意味しています。これに**訴えるほかない**という表現は、ほとんど最後通牒の意味をなしていると言ってよいでしょう。

言い換え

何らかの処置をとらざるを得ませんので

(例) ご返済がない場合は、何らかの処置をとらざるを得ませんので、ご承知おきください。

何らかの処置は、**最後の手段**よりも含む範囲が広くなりますが、おおむね**法的措置**のことを指します。ほかの表現に比較すると遠回しな表現になっているため、最後通牒の一歩手前でプレッシャーを与えるために使われる場合もあります。

> **メモ** メールのみでこうした内容を通達することはまずありませんが、即時性を活かして書簡とあわせて使うことはあり得るでしょう。

催促なのですが　…………………… 念押し　　[催促]指数 ▶ 😠

ご承知おきください。

(例) ご連絡いただけない場合は、商品の出荷を停止せざるを得ませんので、ご承知おきください。

用法 前もってことわっておく内容の最後につけて、念を入れるためのひと言です。催促に応じない場合のこちらの対応を伝える場合などに使用します。ここでの**おく**は「～している状態を保つ」意味で使われています。
効用「以上のことを知っておいてください」と念を押しているような印象を与えます。

言い換え

お含みおきください。　　😠

(例) 予定どおり納入いただけない場合は、当初の契約はなかったものとさせていただきますので、お含みおきください。

ここでの**含む**は、事情を理解したうえで、心に留めおくことです。**ご承知おきください**と同様に、前提として頭に入れてほしい内容について念を押して使います。意味としては上の例と同等ですが、こちらの方がやや控えめな印象を与えるかもしれません。

言い換え

念のため申し添えておきます。　　😠

(例) ご返済いただけない場合は、何らかの処置をとらざるを得ませんので、念のため申し添えておきます。

申し添えるは「つけ加えて言うこと」の謙譲語です。文字どおり、「念のため補足して言っておきます」という意味で使います。**念のため**をつけ加えて言うことによって、その一文が強調されて伝わります。

抗議します …………… 当方の状況

[抗議]指数 ▶

はなはだ迷惑をこうむっております。

(例) 契約を守っていただけない状況に、はなはだ迷惑をこうむっております。

用法 相手に抗議する・苦情を言う際に使うフレーズです。相手の過失によりこちらが具体的な迷惑を受けたことが明らかな場合に、その状況を伝えるために使います。

効用 怒って相手を非難するというよりも、こちらの困惑ぶりを伝えることで、善処してくれることを期待します。

言い換え

はなはだ遺憾に存じております。

(例) 再三の問い合わせに対してもご回答いただけず、はなはだ遺憾に存じております。

遺憾は、残念に思うこと。当然あるべき回答や対応が得られなかった場合に使われる表現です。相手への失望を伝えることで相手に訴えかけます。それによって善処を求める狙いでも使われます。

言い換え

誠に困惑するばかりです。

(例) 何のご連絡もいただけない状況に、誠に困惑するばかりです。

困惑は、困ってどうしたらよいか判断がつかないこと。本来得られるべき対応がなかったことや、常識からはずれた言動などに対して使います。相手の対応が信じられないというとまどいを表現するのに使う表現です。

抗議します ・・・・・・・・・・・・ 回答を求む　　[抗議]指数 ▶

なにぶんのご回答を賜りたくお願い申しあげます。

用法 抗議や苦情を訴える文面のなかで、相手にそれに対する回答を求める一文です。**なにぶん（何分）**は、何らかの、の意味。なしのつぶての相手に対して、とにかく回答を求めるときに使います。
効用 丁寧な表現でありながら、回答に対するプレッシャーを感じさせることができます。

言い換え

誠意あるご回答をお待ち申しあげます。

誠意あるは、苦情や抗議の文面のなかで登場する定番の言葉です。きちんと対処してほしいということを伝えて使います。暗に、これまでの対応が誠意のないものだったことをにおわせることにもなります。

言い換え

責任あるご回答をここに申し入れる次第です。

責任あるは、**誠意ある**よりもさらに強制力が大きい印象を与える表現です。負うべき責任を負っていない、無責任だという真意が背景にうかがえます。相手の過失が明白で重大なものだった場合や、再三の問い合わせに応じないなど対応がかなり不誠実だった場合に使用されます。

参 「折り返しなにぶんのご回答を承りたく」 ➡P.181

抗議します　　　　　　　　　　不服の表明　　［抗議］指数 ▶

承服いたしかねます。

(例) 遅延の理由も判然とせず、承服いたしかねます。

用法 相手の話に対して納得できないことを伝えるフレーズです。**承服**は、相手の主張を聞き、それに承知して従うことです。**承服**は否定形にして抗議・苦情・断りの文面のなかでよく使われます。
効用 堅いかしこまった表現で、納得できない旨をきっぱり言い切る印象になります。

言い換え

納得しかねることです。

(例) 今になってキャンセルされるというのは、納得しかねることです。

納得もまた承知すること、了解することを意味する言葉で、意味としては**承服いたしかねます**と同じです。**いたしかねる**を**しかねる**としたことで、より日常的な表現になります。

言い換え

納得しろと言うほうが無理な話です。

(例) 理由のご説明もなく、これでは納得しろと言うほうが無理な話です。

同じ**納得**を使った表現で、口語的な言い回しになります。「とうてい納得できない」という気持ちを、かなり憤った状態で表現することになります。

抗議します ……… 対処を求む　[抗議]指数 ▶

しかるべき善処方をお願い申しあげます。
（ぜんしょかた）

(例) 調査のうえ、至急しかるべき善処方をお願い申しあげます。

用法 抗議・苦情を申し入れたことに対し、相手に対処を求めるフレーズです。**善処**は、物事を適切に処置すること、**方（かた）**は～することの意味です。当然されるべき（**しかるべき**）対応がされてない場合に使います。

効用 **しかるべき**の部分に、当然とられるべき対処がとられていないという抗議の気持ちが表れます。

言い換え

早急な対処をお願い申しあげます。

(例) なにとぞ、早急な対処をお願い申しあげます。

対処を求める場合、その対処は上の例のように**しかるべき**ものであると同時に、**早急**であることを望むのが通例です。**早急**は**迅速・速やか**などの言葉に置き換えられます。

言い換え

事態を改善していただけますようお願い申しあげます。

(例) とにかく、事態を改善していただけますようお願い申しあげます。

対処・善処を**事態を改善する**という具体的な言い方に置き換えた表現です。**事態を改善**という表現から、現状が好ましくない状況であることを述べていることになります。

抗議します ……… 対処内容の提示 ［抗議］指数 ▶

〜になるのが筋ではないかと存じます。

(例) 今からのキャンセルは難しく、当該製品は貴社がお引取になるのが筋ではないかと存じます。

用法 相手の対処について、具体的に提示する場合に使うフレーズです。ここでの**筋**は物事の道理、行うべき正しい道のことを言います。相手の理不尽な言動に対して「〜するのが当然だと思います」という気持ちで使います。
効用 **筋**という表現で相手の良心に訴えかけつつ、打開策を差し出します。

言い換え

〜されるのが適切な措置かと存じます。

(例) 商品は、ただちに回収されるのが適切な措置かと存じます。

上の例での**筋**を**適切な措置**というわかりやすい表現にした言い回しです。**筋ではないか**に比べてインパクトはありませんが、事務的に対処の内容を伝えるには、適当な表現と言えます。

言い換え

〜されることが(貴社にとって)賢明な方途かと存じます。

(例) 計画を中止されることが、貴社にとって賢明な方途かと存じます。

方途は「解決の手段、進むべき道」を意味します。言わんとする内容そのものは、上の2例と同じですが、(**貴社にとって**)**賢明な方途**という表現が、「従わなければ……」というプレッシャーをにじませるものになっています。

抗議します ……………… 注意の要請　　[抗議]指数 ▶

厳にご注意いただきたく、お願い申しあげる次第です。

(例) 今後このようなことがないように、厳にご注意いただきたく、お願い申しあげる次第です。

用法 抗議・苦情の文面をまとめる形で、これに至った事情を言う一文です。ここでは、「今後厳しく注意してほしいとお願いしているわけです」という内容になります。
効用 文面の最後にもってくると、最後にだめ押しするようなプレッシャーを与えられます。

言い換え

十分な注意を喚起する次第です。

(例) 今後このようなことがないように、十分な注意を喚起する次第です。

上の例と同様の内容を、**注意を喚起**という形で表現した簡潔な言い回しです。**喚起**は、注意・自覚などを呼び起こすことで、注意するよう積極的に呼びかけている印象を与えられます。

言い換え

僭越ながらご忠告申しあげる次第です。

(例) 今後このようなことがないように、僭越ながらご忠告申しあげる次第です。

上の2つとは主旨が多少異なり、忠告をしたかったという内容になっています。**忠告**は、心をこめて相手の過ち・欠点を直すよう勧めること。相手に過ちがあるということを意味するため、**僭越ながら**(出過ぎたようですが)と前置きをして表現をやわらげます。

抗議します 最後通牒 [抗議]指数 ▶

万一期日までにご回答のない場合には

(例) 万一期日までにご回答のない場合には、法律上の手続きをとる所存です。

用法 抗議文のなかで、相手に「求めた回答が得られない場合」に言及するくだりです。その後に、こちらがとる行動はケースバイケースですが、一般に、**法的措置**に及ぶことを想定した言い回しに使われます。

効用 一刻の猶予も許さない、強いプレッシャーを感じさせます。

言い換え

今後の推移次第では

(例) 今後の推移次第では、法律上の手続きをとる所存です。

今後の推移は、相手の対応によって移り変わる事の状態を指していて、わかりやすく言えば、「今後の対応によっては」というような意味になるでしょう。上の**万一期日までに〜**の言い回しよりは、多少猶予をもたせる場合に使う表現です。

言い換え

最悪の場合は

(例) 最悪の場合は、法律上の手続きをとる所存です。

具体的な条件は提示せずに、「最も厳しい措置をとるとしたら」という言い方をしています。これも一般的には、**法的措置**をとることを暗示していることになるでしょう。条件はないにしても、相手の「今後の対応によって」という意味が含まれています。

続「法律上の手続きをとる所存でございます」➡P.191

抗議します ……………………… 最後通牒　[抗議]指数 ▶

法律上の手続きをとる所存でございます。

(例) **不本意ながら、法律上の手続きをとる所存でございます。**

用法 起こったトラブルを、法律に則って解決する意向を告げる一文です。いわゆる「最後通牒」的な内容になります。
効用 まさに「最後の手段」に出たと受け取られます。ここに至るまでには、慎重な検討が必要です。

言い換え

法的措置に訴えることになろうかと思われます。

(例) **やむを得ず、法的措置に訴えることになろうかと思われます。**

法律上の手続きを法的措置と言い換えた一文です。**法的措置に訴える**という言い回しは、より一層訴訟等を意識させる厳しい表現になっています。多少遠回しに言うのであれば**ことになろうかと〜**、はっきり詰め寄るならば**所存でございます**も使えます。

言い換え

弊社の顧問弁護士とも相談したうえで、しかるべく対応いたす所存でございます。

(例) **今後の推移次第では、弊社の顧問弁護士とも相談したうえで、しかるべく対応いたす所存でございます。**

やや回りくどい表現のようですが、**顧問弁護士としかるべく対応**となると、当然**法的措置**でしかあり得ません。

> メモ　メールのみでこうした内容を通達することはまずありませんが、即時性を活かして書簡とあわせて使うことはあり得るでしょう。

参　「〜のない場合は、最後の手段をとることにいたしますので」 ➡P.182

大丈夫ですか？ …… お見舞いの言葉

[お見舞い]指数 ▶ ☹

心からお見舞い申しあげます。

(例) 思いもかけぬご災難で、心からお見舞い申しあげます。

用法 「お見舞い」全般に使われる基本フレーズです。相手は、台風や火災といった災害に遭った人や、病気になった人などいずれの場合にも使われます。
効用 定番フレーズですが、相手を思いやる気持ちが素直に伝わります。

言い換え

慰めの言葉もありません。 ☹

(例) 突然のご災難で、慰めの言葉もございません。

主に、災害を受けた相手に対して使用する表現です。とくに、本人に過失のない自然災害などに対して、「どう慰めてよいかわからない」という気持ちで同情を表します。より丁寧には、**お慰めの言葉もございません**。

言い換え

ご同情に堪えません。 ☹

(例) 皆様のご心痛を思い、ご同情に堪えません。

やはり被災者に対してかける言葉で、「気の毒だ」という気持ちを表して使います。この**堪える**は、「こらえる・我慢する」こと。相手の不運を自分のことのように思っているという表現です。

> 📝メモ　見舞いは、本来その場にかけつけて慰問するものですが、遠方である場合や相手の状況をいち早く尋ねるときには、メールや電話が活躍します。

大丈夫ですか？ ……… 安否を尋ねる　［お見舞い］指数 ▶

〜はいかがかとご案じ申しあげます。

(例) 大雨による被害が甚大とうかがいました。支店の皆様はいかがかとご案じ申しあげます。

用法 被災した可能性がある相手に、問い合わせとお見舞いを兼ねて使う表現です。相手の近辺で災害があったことを聞き、その状況が詳しくわからない場合に使われます。
効用 状況を問い合わせると同時に、「心配している」という気持ちを表現できます。

言い換え

〜はいかがでしょうか。ご案じ申しあげております。

(例) 皆様のご様子はいかがでしょうか。ご案じ申しあげております。

上の例と同じ内容ですが、「いかがでしょうか」で区切ることで、問いかける気持ちがより強くなります。

言い換え

〜とのことで、大変心配しております。

(例) 死傷者も出ているとのことで、大変心配しております。

やはり、相手の状況がはっきりとはわからないときに使用する表現です。聞き及んだ周辺情報から相手の被災の具合を心配したり、けがや病気の程度を心配するときにも使われます。

大丈夫ですか？ …… 被災の報に対する衝撃

[お見舞い]指数 ▶

大変驚いております。

(例) 事故に遭われたという知らせが入り、大変驚いております。

用法 事故や災害に遭ったことや病気で倒れたことなどに対しての、お見舞いの文面のなかで使われる表現です。「信じられない」という気持ちを表現して使います。

効用 「そんなことあるはずがない」という驚きととまどいを表現できます。

言い換え

ただただ驚くばかりです。

(例) 支店で火災が発生したという知らせが入り、ただただ驚くばかりです。

上の例と同じように、相手が被災したという知らせに対して「驚く」ことで、当惑した気持ちを表します。**ただただ**という表現が、その当惑ぶりをより強調します。また、そんな不運が「あってはならない」という思いも含められます。

言い換え

突然のことに我が耳を疑うばかりです。

(例) 戌申山の噴火により死傷者も出ているとうかがいました。突然のことに我が耳を疑うばかりです。

やはり、相手の被災に対して「信じられない」という気持ちを強調した表現です。**耳を疑う**は、聞いた話が信じられないという意味の慣用句。「聞き間違いであればいいのに」という気持ちも表現できます。

大丈夫ですか？ ……………… 同情を示す　[お見舞い]指数 ▶ ☹

ご心痛のほどお察しいたします。

(例) ご家族が入院されたとうかがいました。ご心痛のほどお察しいたします。

用法 被災した相手や、家族が病気で入院した人などに対するお見舞いの言葉です。**心痛**は深く心配すること。「さぞかしご心配でしょう」という気持ちで使われます。

効用 人ごととは思えないという気持ちで同情を表します。

言い換え

ご苦労のほど痛いほどわかります。 ☹

(例) 台風で建物の浸水や破損などの被害に遭われたとうかがいました。ご苦労のほど、私どもにも痛いほどわかります。

被災したことなどによる相手の苦労や今後の心配に対して同情を示して使います。近い状況を経験したことがある場合などに効果的です。

言い換え

何かとご困窮のこと、拝察申しあげます。 ☹

(例) 長引く復旧作業で、何かとご困窮のこと、拝察申しあげます。

災害などにより被害状況が大きいときに、その大変な状態を思いやって使います。この場合の**困窮**は、「処置などに困り苦しむ」こと。

大丈夫ですか？ ……… 事情の配慮 [お見舞い]指数 ▶ ☹

ご焦慮のこととお察しいたしますが

(例) ご焦慮のこととお察しいたしますが、この際十分にご静養なさってください。

用法 病気で入院したり療養中の相手に対して、養生を呼びかけるときの前置きの表現です。**焦慮**は、いらいらしたり焦ったりすること。相手の焦る気持ちをなだめて療養や回復を祈る気持ちで使われます。
効用 「ゆっくり療養してください」という気持ちを強調することができます。

言い換え

お仕事が気にかかることとは存じますが ☹

(例) お仕事が気にかかることとは存じますが、この際十分にご静養なさってください。

病気療養のため仕事を休職している相手に対して、療養を呼びかけるときに使う表現です。仕事の関係者や同じ会社の上司や同僚など、仕事でのつきあいが深い人に対して使われます。

言い換え

ご多忙の御身でしょうが ☹

(例) ご多忙の御身でしょうが、この際十分にご静養なさってください。

多忙は主に仕事での多忙を指しますが、あちらこちらで「必要とされている」という相手の要人ぶりを表す表現でもあります。

続 「ご自愛のほどお祈りしております」 →P.199

大丈夫ですか？ ……………… 回復を祈念　[お見舞い]指数 ▶ ☹

ここしばらくは健康回復に努められ

(例) ここしばらくは健康回復に努められ、一日も早く全快されますようお祈り申しあげます。

用法 病気をお見舞いする文面のなかで、療養を呼びかけるときの表現です。仕事などで多忙である人に対して、言葉のとおり、健康の回復に努めてもらうことを願って言います。
効用 健康の回復と同時に、仕事などの復帰を願う気持ちも表現できます。

言い換え

この際十分にご養生に励まれ ☹

(例) この際十分にご養生に励まれ、一日も早く全快されますようお祈り申しあげます。

病気やけがをなおすことに専念してほしい気持ちを表現して使われます。**養生**は、病気・けがの手当をし、回復に努めること。

言い換え

十分のご加療とご静養で ☹

(例) くれぐれも十分のご加療とご静養で、一日も早く全快されますようお祈り申しあげます。

十分に治療し、体を休めることをたたみかけるように言う表現です。心配する気持ちが表れます。**加療**は、病気・けがを治療することで、**静養**は心身を静かに休めること。

続 「一日も早いご回復をお祈り申しあげます」 ➡P.198

前文	**大丈夫ですか?** ……… 回復を祈念 　[お見舞い]指数 ▶

一日も早いご回復をお祈り申しあげます。

(例) 一日も早いご回復を心からお祈り申しあげます。

> **用法** 病気やけがで療養中の相手に対して、回復を願う気持ちを伝える表現です。お見舞いのメッセージの最後の締めくくりとしても使われます。
> **効用** 一日も早いという表現が、**回復を祈る**という気持ちを強調します。

言い換え

一日も早く全快されますよう、お祈り申しあげます。

(例) 十分に養生され、一日も早く全快されますよう、お祈り申しあげます。

> **全快**は、病気やけがからすっかり回復すること。回復をより強めて言います。より丁寧に言うには、**ご全快なさいますようお祈り申しあげます**。

言い換え

元気なお顔をお見せくださいますよう、お祈り申しあげます。

(例) 十分に静養され、一日も早く元気なお顔をお見せくださいますよう、お祈り申しあげます。

> 体が回復することを、**元気な顔を見せる**と表現したお見舞いの言葉です。全快することを祈ると同時に、「元気になったら会いたい」という親しみも表現できます。

本文 / 感謝 / 詫び / 説明/弁明 / 依頼 / 問合せ / 恐縮 / 祝福 / 感心 / 了解 / 断り / 通覧 / 受領 / 退/転職 / 異動 / 移転 / 開店/開業 / 閉店/廃業 / 通知 / 採/不採用 / 案内 / 決意表明 / 催促 / 抗議 / **見舞い** / 末文 / つなぎの言葉 / メールの小技

大丈夫ですか？ ……………… 回復を祈念　［お見舞い］指数 ▶

（どうぞ／くれぐれも）ご自愛のほどお祈りしております。

（例）ご多忙の御身かと存じますが、どうぞご自愛のほどお祈りしております。

用法 お見舞いの文面を締めくくる表現です。相手の健康を気遣って言います。**自愛**は、「自分を大事にすること・健康に気をつけること」を言います。お見舞いの言葉としてだけでなく、手紙の文面では「お体に気をつけて」という意味で使われます。
効用「ご自愛ください」という聞き慣れた表現で、文面がスマートにまとまります。

言い換え

（どうぞ／くれぐれも）ご静養のほどお祈りしております。

（例）気がかりなことも多いかと存じますが、くれぐれもご静養のほどお祈りしております。

ご自愛をご静養に置き換えた表現で、よりわかりやすくした言い回しです。自愛に比較して、病気を見舞う意図がはっきりします。

言い換え

（どうぞ／くれぐれも）ご養生のほど念じております。

（例）一日も早く回復されますように、ご養生のほど念じております。

養生は、「病気・けがの手当をし回復に努めること」で一般的な言葉ですが、「**念じる**」という表現に思いの強さが表れます。念じる（＝念ずる）は、心のなかで強く思い願うこと。

末文（締めの言葉）

→ メール文書の構成 → P.8-9

前文
本文
- 感謝
- 詫び
- 説明/弁明
- 依頼
- 問合せ
- 恐縮
- 祝福
- 感心
- 了解
- 断り
- 通覧
- 受領
- 退/転職
- 異動
- 移転
- 開店/開業
- 閉店/廃業
- 通知
- 採/不採用
- 案内
- 決意表明
- 催促
- 抗議
- 見舞い

末文
つなぎの言葉
メールの小技

送信者：musashi@ooooooooo.co.jp
宛先：sasaki@xxxxxxxxxxxxxx.co.jp
CC：otsuu@ooooooooo.co.jp
BCC：

件名：商品の打ち合わせの件

文例1

□△株式会社 営業部
佐々木小次郎様

お手数ですが、商品サンプルをご持参のうえ
あらためてご説明いただけますようお願いいたします。

では、お忙しいところ恐縮ですが、
よろしくお願いいたします。

○△販売株式会社　管理部
宮本 武蔵
tel：03-0000-0000 ／ mail：musashi@xxxxx.jp

文例2

以上、ご検討いただき、
来週にでもご返答いただけると幸いです。
まずは、ご報告かたがたお願いまで。

なお、参考資料を郵送にてお送りしておきました。
あわせてご参照くださいませ。

＊—＊—＊—＊—＊—＊—＊—＊—＊—＊
○△株式会社　営業部
佐々木小次郎
03-0000-0000 / kojiro@xxxxx.jp

メールの末文 構成要素

締めの言葉として、以下のうち必要な要素を組み合わせます。

● 挨拶文

具体的な内容を含まない「お願いします」
再度連絡する旨などの挨拶文

(例)
では、よろしくお願いいたします。………………… **P.202**

● 返事の依頼

メールに対する返事をお願いする文章

(例)
恐れ入りますが、折り返しご回答をいただきたく
お願い申しあげます。……………………………… **P.203**

● 内容をまとめて

本文の内容(本題)をまとめた形の締めの挨拶

(例)
取り急ぎ、ご報告まで。…………………………… **P.204**

● 追記

本文の内容(本題)とは別につけ足す内容

(例)
なお、来週1週間夏期休暇をいただきます。

休暇中ご連絡いただく際は、
下記のメールアドレスまでお願いいたします。…… **P.205**

● 挨拶文

→ メールの末文 構成要素 ➡ P.201

メールを締めくくる簡潔な挨拶です。本題の内容に応じて付け添える言葉を変化させますが、「よろしくお願いします」で締めくくるのが最も一般的です。

●「よろしくお願いします」

(例)
- 以上、よろしくお願いします。
- では、よろしくお願いします。
- なにとぞ、よろしくお願いいたします。　＊本題が「提案」「依頼」などの場合に言います。
- ご検討のほど、よろしくお願いします。　＊本題が「依頼」などの場合に言います。
- ご協力のほど、よろしくお願いします。
- よろしく、ご確認くださいませ。　＊本題が問い合わせに対する回答であったり、書類を添付・送付した場合などに言います。

● その他（失礼しました・また連絡します）

(例)
- では、失礼いたします。
- お忙しいところ、失礼いたしました。
- ご一読、ありがとうございました。
- では、またご連絡いたします。　＊返信の必要のないメールや、続報を送ることがわかっている場合に言います。
- では、○○については決まり次第ご連絡いたします。

● 返事の依頼

→ メールの末文 構成要素 → P.201

送るメールに対して返信が必要な場合、逆に不要な場合は、末文に書き添えます。
本文が長文になる場合や、返事の必要性をとくに強調したい場合には前文で言う場合もあります。

▶ 返事を待っている姿勢を示す

(例)
- お返事をお待ちしております。
- ご回答をお待ちしております。
- お返事を鶴首しております。

＊積極的に返事を依頼できない場合、控えめに表現します。
＊「鶴首」は、首を長くして待つこと。返事を待ちわびるという気持ちで使います。

▶ 返事を依頼する

お手数ですが	ご検討のうえ	お返事いただけますよう	お願い申しあげます。
恐れ入りますが	折り返し	ご返答賜りますよう	お願いいたします。
	ご一読後	ご連絡いただけますよう	お願いします。
		ご返信を	
		ご回答を	

(例)
- お手数ですが、折り返しお返事いただけますよう、お願いいたします。
- 恐れ入りますが、ご検討のうえご返答賜りますよう、お願い申しあげます。
- お手数ですが、ご一読後ご連絡いただけますよう、お願いいたします。
- お手数ですが、折り返しご返信をお願いします。

● 内容をまとめて

→ メールの末文 構成要素 → P.201

書面でも使用される締めくくりの言葉で、本文の内容（本題）が何だったかを簡潔にまとめます。
以下のように組み合わせを変えて表現できます。

まずは	取り急ぎ	ご挨拶申しあげます。
以上 ＋	とりあえず	ご通知申しあげます。
	メールにて	ご案内申しあげます。
		ご報告申しあげます。
		お知らせいたします。
		ご挨拶まで。
		ご通知まで。
		ご案内まで。
	＋	ご報告まで。
		お知らせまで。
		お祝い申しあげます。
		お礼申しあげます。
		お礼かたがたご案内まで。
		ご報告かたがたお願いまで。
		ご挨拶とお知らせまで。
		用件のみ申しあげます。

＊頭に、「まずは、」「以上、」などの言葉を組み合わせて、本文全体を区切ります。

＊本文の主旨を簡潔に言い表して締めくくります。

(例)
- まずは取り急ぎ、ご報告まで。
- 以上、ご報告申しあげます。
- 以上、取り急ぎお知らせいたします。
- まずは、メールにてご報告かたがたお願いまで。
- 以上、とりあえずご通知まで。
- 以上、用件のみ申しあげます。

● 追記

→ メールの末文 構成要素→P.201

本題とは区別したい内容や参考に伝える事柄は、追記として後につけ加えます。

◯ 本題とは別のお知らせ

(例)
- なお、9月1〜3日まで休暇をいただきます。この間にご連絡をいただく場合は、下記メールアドレスまでお願いいたします。
- 来週は不在がちになりますので、お急ぎの場合は携帯電話(000-000-000)までご連絡ください。
- なお、弊社の受付が移動しました。ビルの2F→3Fになります。

＊番号の変更や場所の移動等は、署名欄につけ加える方法もあります。

◯ 本題の参考に記すこと

(例)
- 参考資料を添付いたしました。あわせて、ご参照くださいませ。
- 参考になりそうなサイトを見つけました。
  http://www.xxxxxx.jp/
- カタログを郵送にてお送りしておきました。ご確認のほど、よろしくお願いします。

＊本題に関係があることでも、内容が参考程度である場合は、末文に書き添えることで重要度を区別します。

◯ 雑談など

(例)
- 前号の特集、部内で好評です。
- そういえば、先日鈴木さんにお会いしました。山田さんによろしくとおっしゃっていました。

＊メールは1通1案件が原則ですが、相手とのつきあいに応じて、本題以外の雑談も書き添えられます。その場合は、本題と明確に区別します。

つなぎの言葉 一覧表

つなぎの言葉	用途・説明

◆順接——後の内容が前の内容から予測できるようなつなぎ

つなぎの言葉	用途・説明
かくして	前の内容を受けて、その続きや結果を言うときに使用。（類 このようにして）
かくて	前の内容を受けて、その続きや結果を言うときに使用。（類 このようにして）
結果として	前に述べた内容を受けて、その結論・結末を言うときに使用。
結局	（いろいろあった末の）話の結論・結末を言うときに使用。（類 とどのつまり・つまるところ）
結論として	前に述べたことや考えた内容をまとめて、最終的な判断を言うときに使用。
こうして	前の内容を受けて、その続きや結果を言うときに使用。（類 このようにして・かくして）
ここに	前の内容を受けて、それの当たり前の結果を言うときに使用。（類 それで）
したがって	前の内容を受けて、順当な結果となる事柄を言うときに使用。（類 だから・それゆえに）
すると	前の内容に続いて発生する事柄を言うときに使用。（類 そうすると）／前の内容から判断される結果を言うときに使用。（類 それでは）
そうして	前に述べた事柄を受けて、結果として起きる事柄・継続して起きる事柄を言うときに使用。（類 そして）／前に述べた事柄を受けて、さらにつけ加えて言うときに使用。
そこで	前の内容を理由として、導かれる結果を言うときに使用。（類 それで・そんなわけで）／話題を転換したり、戻したりするときに使用。（類 さて）
そして	前の内容を受けて、結果として起きる事柄・継続して起きる事柄を言うときに使用。（類 そうして）／前に述べた事柄を受けて、さらにつけ加えて言うときに使用。
その結果	前の内容を理由として受けて、結果となる事柄を言うときに使用。
それから	前の内容に続いて起こる事柄を言うときに使用。（類 そして・その次に）

| 前の内容 | **つなぎの言葉** | 後の内容 |

女性には受けないのですね。**それなら**、色を変えてみましょう。

例文

4月初めに企画書を作成し、中旬に社内プレゼンを実施。5月に役員会議で承認。**かくして**、このプロジェクトは発足しました。

この春10人を中途採用しました。**かくて**、営業部は100人の大所帯となったのです。

遺跡の発掘を長く続けてきました。**結果として**、それが本を出すことにつながりました。

天候と集客の可能性について、喧喧諤諤（けんけんがくがく）の議論を夜通し続けました。**結局**、そのイベントは延期することに決定しました。

A案・B案・C案について、会議で検討しました。**結論として**、B案を採用することになりました。

昨年発売した「もの言い太郎」が150万個を超える大ヒット。**こうして**、その会社は業界トップへと成長しました。

多くの人が合併反対の署名をしました。**ここに**、2リーグ制維持の結果を得たのです。

雨や風が大変強くなってきました。**したがって**、本日の野外イベントは中止します。

商品パッケージをガラリと変更。**すると**、売上が急に伸びました。

広告予算を昨年の2倍にして、テレビや雑誌などの媒体での露出を増やしました。**そうして**、この商品の知名度を高めました。

オリンピックが開催されます。**そこで**、開催記念商品を発売します。

最後のメンバーが去りました。**そして**、だれもいなくなりました。

とびこみ営業も経験しました。**その結果**、度胸がつきました。

まず、プロジェクトの計画書を作成します。**それから**、人材を募集することにします。

つなぎの言葉	用途・説明
◆順接——後の内容が前の内容から予測できるようなつなぎ のつづき	
それでは	前の内容を受けて、それに対する考えや判断を言うときに使用。（類それなら・では）
それなら	前の内容を受けて、それに対する考えや判断を言うときに使用。（類それでは・では）
◆説明・同列——後の内容が前の内容を説明したり、言い換えたりするつなぎ	
言い換えれば	文書をまとめたり、別の表現で説明するときに使用。
以上	これまでに述べたことをまとめるときに使用。
ここにおいて	前に述べた内容を理由として、その結果を言うときに使用。（類これゆえに）／前に述べた事柄を時機として、その結果を言うときに使用。（類このときに）
このため	前に述べた内容を理由として、その結果を言うときに使用。（類これゆえに）
すなわち	前に述べた事柄を、別の表現で言い換えるときに使用。（類つまり）
そのため	前の内容を理由として受けて、結果となる事柄を言うときに使用。（類だから・それゆえ）
それだから	前の内容を理由として受けて、結論を言うときに使用。（類だから）
それで	前の内容を理由として受けて、結果となる事柄を言うときに使用。（類だから・それゆえ）
それゆえ	前の内容を理由として受けて、結果となる事柄を言うときに使用。
だから	前の内容を理由として受けて、結果・結論となる事柄を言うときに使用。（類そういうわけで・それゆえ）
だって	前の内容を受けて、その理由や言い訳を言うときに使用。
たとえば	前の内容を受けて、それを具体的な例で説明するときに使用。／仮定して言うときに使用。（類もしも・仮に）
ついては	前に述べた事柄を受けて、順当な結果・結論となる事柄・必要となる事柄を言うときに使用。（類だから・それゆえに）

例文

現在の在庫数は50です。**それでは**、今月末には店頭在庫がなくなるでしょう。

女性には受けないのですね。**それなら**、色を変えてみましょう。

クラスの35人がその本を買っていました。**言い換えれば**、ほとんど全員が利用してくれたことになります。

以上、取り急ぎご報告まで。

長時間にわたる交渉が決裂しました。**ここにおいて**、ストが決定したのです。

石油の価格が高騰しています。**このため**、製品価格を上げざるを得なくなってきました。

売上から経費を引いた額。**すなわち**、営業利益です。

オリンピック年です。**そのため**、プラズマテレビが大増産されました。

扱いにくい人材ですが、**それだから**、教えがいもあります。

この企業はリストラが進んでいます。**それで**、株が上がっているのです。

この商品がドラマで使用されました。**それゆえ**、今月は注文が急増したのです。

顧客の意見をよく解析しています。**だから**、よい商品ができるのです。

一部は前のデザインを流用しました。**だって**、予算が少なかったのです。

テーマは赤から連想するもの。**たとえば**、情熱や炎です。

営業会議を定例化します。**ついては**、毎週月曜日9時に第二会議室に集まってください。

つなぎの言葉	用途・説明
◆説明・同列——後の内容が前の内容を説明したり、言い換えたりするつなぎ のつづき	
つまり	前の内容を、別の表現で言い換えるときに使用。（類すなわち）／前の内容を受けて、結論を言うときに使用。（類結局）
では	前の内容を受けて、それを踏まえた結論・結果を言うときに使用。（類それなら・それでは）／話の区切りをつけるときに使用。
と言うと	前の内容を受けて、推測される事柄や結論を言うときに使用。（類とすると）
と言うのは	前の内容に対して、その理由や説明を続けて言うときに使用。（類なぜなら）
と言うのも	前の内容に対して、その理由や説明を続けて言うときに使用。
とすれば	前の内容を受けて、その結果・結論として必然的な内容を言うときに使用。（類そうだとすると）
なぜなら	前の内容に対して、その理由や説明を続けて言うときに使用。（類と言うのは・なぜなれば）
なんとなれば	前の内容に対して、その理由や説明を続けて言うときに使用。（類と言うのは・なぜなら）
ゆえに	前の内容を受けて、順当な結果・結論となる事柄を言うときに使用。（類だから・したがって）
要するに	前の内容をまとめて要約して言うときに使用。（類つまり）
よって	前の内容を理由として受けて、結果となる事柄を言うときに使用。（類だから）
◆逆接——後の内容が前から予測するものと異なるつなぎ	
けど	前の内容と反対のこと、対立する内容を言うときに使用。けれどものくだけた表現。（類けれども・けれど）
けども	前の内容と反対のこと、対立する内容を言うときに使用。けれどものくだけた表現。（類けれども・けれど）
けれども	前の内容と反対のこと、対立する内容を言うときに使用。（類けれど・けど）
さりとて	前の内容を受けて、対立する内容を言うときに使用。（類そうかといって）

例文

非正規雇用者と就業希望無業者の間を移動している人、**つまり**、フリーターのことです。

間違いのご指摘ありがとうございました。**では**、さっそく訂正いたします。

デザインが古い、値段も高い。**と言うと**、とても売れそうにない商品に思えますが、一部に根強いファンがいるのです。

商品について問い合わせが殺到しています。**と言うのは**、先日テレビで紹介されたからです。

部長が先頭に立って営業を指揮しました。**と言うのも**、社運をかけた商品だったからです。

雨は止みそうにありません。**とすれば**、野外公演は延期するしかないでしょう。

今年はプロジェクト企画部が大幅に増員されました。**なぜなら**、来年に記念イベントを控えているからです。

商品が相次いで返品されてきました。**なんとなれば**、パッケージが破損していたからです。

制作スケジュールは非常にタイトでした。**ゆえに**、交替で泊まり込んで作業を進めました。

その雑誌はリニューアルをくり返したあげく休刊しました。**要するに**、廃刊したわけです。

会議では、出席者全員が賛成してくれました。**よって**、この企画は実現化が決まりました。

おもしろい商品だと思います。**けど**、うちで商品化するのは難しいでしょう。

デザインはいい。**けども**、色が少し弱いですね。

A店は値段が少し高くなります。**けれども**、サービスがいいです。

よくできた作品です。**さりとて**、これが一般受けするかどうかは、わかりません。

つなぎの言葉	用途・説明
◆逆接──後の内容が前から予測するものと異なるつなぎ のつづき	
されど	前の内容と反対のこと、対立する内容を言うときに使用。（類けれども）
しかし	前の内容と反対のこと、対立する内容を言うときに使用。（類けれども）
しかしながら	前の内容と反対のこと、対立する内容を言うときに使用。「しかし」の少しあらたまった表現。（類けれども）
しかるに	前の内容を受けて、順当とは言えない結果や反する事柄を言うときに使用。（類それなのに・にもかかわらず）
そのくせ	前の内容を受けて、それと反対の事柄を導いて言うときに使用。（類それなのに）／前の内容に、さらにつけ加えて言うときに使用。（類そのうえ）
それでも	前の内容を受けて、その続きとして順当ではない事柄を言うときに使用。（類そうであっても）
それなのに	前の内容を受けて、その結果として順当ではない事柄を言うときに使用。（類そうであるのに）
だが	前の内容を受けて、それと反対の事柄・対立する事柄を言うときに使用。（類けれど・だけど）
だけど	前の内容を受けて、それと相反する事柄を言うときに使用。（類だけれど・そうではあるが）
だけども	前の内容を受けて、それと相反する事柄を言うときに使用。（類だけど・そうではあるが）
だけれど	前の内容を受けて、それと相反する事柄を言うときに使用。（類だけど・そうではあるが）
だけれども	前の内容を受けて、それと相反する事柄を言うときに使用。（類だけど・そうではあるが）
ただ	前の内容に対して、一部保留したり条件や注釈をつけるときに使用。（類ただし）
ただし	前の内容に対して、一部保留したり条件や注釈をつけるときに使用。（類ただ）
だのに	前の内容を受けて、それと相反する事柄を言うときに使用。（類なのに）

例文

たかが本1冊で何がわかると皆言います。**されど**、本1冊で世界が変わることもあります。

興味深い報告書です。**しかし**、信憑性には欠けます。

これはロングセラーの商品です。**しかしながら**、最近は飽きられてきているのも事実です。

会議ではそのプロジェクトに対して多くの反対意見が出ました。**しかるに**、強引に進めてしまうとは驚きです。

商品開発には莫大な経費がかかりました。**そのくせ**、ちっとも売れませんでした。

長時間交渉しました。**それでも**、要望は受け入れられませんでした。

企画会議では大絶賛されました。**それなのに**、商品化の決定には至りませんでした。

女性には不評でした。**だが**、男性には好評でした。

すぐにでも発売したいところです。**だけど**、生産が追いつきません。

よい企画です。**だけども**、予算が高すぎます。

山田さんの言うことはもっともです。**だけれど**、会議で承認を得ないことには進められません。

いい商品です。**だけれども**、競合する商品が多すぎます。

この商品の機能は優れています。**ただ**、デザインが安っぽい。

A案を採用します。**ただし**、コストをもう少し下げられないか検討してください。

材料の到着を待っていました。**だのに**、約束の日に届きませんでした。

つなぎの言葉	用途・説明
◆逆接——後の内容が前から予測するものと異なるつなぎ のつづき	
でも	前の内容を受けて、その結果として順当ではない事柄を言うときに使用。（類それでも・しかし）／前の内容に対して、その理由や言い訳を言うときに使用。（類しかし）
ところが	前の内容を受けて、それと相反する事柄を言うときに使用。（類そうなのに）
とは言え	前の内容を受けて、それと相反する事柄を言うときに使用。（類そうはいっても）
にもかかわらず	前の内容を受けて、それと相反する事柄を言うときに使用。（類であるのに）
ひるがえって	前の内容に対して、反対の事柄や別の見方をして言うときに使用。
もっとも	前の内容に対して、一部保留したり条件や注釈をつけるときに使用。（類ただし）
◆対比・同列——前の内容との対比や前と同列の選択肢を示すつなぎ	
あるいは	前にあげたもので、いずれかひとつであるものをいうとき。（類または・もしくは）／同じ種類の事柄をいろいろあげるとき。（類一方では）／起こる可能性をいうとき。（類ひょっとすると）
一方	前の内容を受けて、それをほかの面から見ていうときに使用。（類他方・話変わって）／関連する話のもうひとつに関して言うとき。
そのかわり	前の内容を受けて、それとひきかえになる内容を言うときに使用。
それとも	前にあげたもので、どちらかひとつであるものを言うとき（類または・もしくは）。
他方	前の内容を受けて、それをほかの面から見ていうときに使用。（類一方）
と言うより	前の内容を受けて、それを修正・訂正して言うときに使用。
ないしは	前の内容に並べて、いずれかひとつを選ぶ事柄を言うときに使用。（類または・もしくは）
はたまた	前の内容に並べて、いずれかひとつを選ぶ事柄を言うときに使用。（類または・もしくは）

例文

社員一同キャンペーンに必死でした。**でも**、あまり売れませんでした。

売れ行きは芳しくありませんでした。**でも**、スタッフはやれるだけのことをやったのです。

前評判はいまいちでした。**ところが**、ふたを開けてみれば大ヒットになりました。

営業することは慣れています。**とは言え**、とびこみ営業はやはり緊張します。

ちょっとした思いつきでした。**にもかかわらず**、大ヒット商品になったのです。

ひるがえって当社の現状を考えると、そう悠長にもしていられません。

彼の講演会は大好評でした。**もっとも**、集まったのは身内ばかりです。

近々打ち合わせにお越しください。**あるいは**、こちらからうかがっても結構です。

A社の作品は優れています。**一方**、制作日数はかかります。

仕事は丁寧です。**そのかわり**、遅いです。

「1つで350円」、**それとも**「3つセットで1000円」が妥当でしょうか。

組織の規模は小さくなりました。**他方**で、小回りがきくようになりました。

とてもお得な商品です。**と言うより**、買わないと損です。

結果は、電話**ないしは**メールでお知らせします。

これは愚作でしょうか。**はたまた**、前代未聞の傑作でしょうか。

つなぎの言葉	用途・説明
◆**対比・同列**──前の内容との対比や前と同列の選択肢を示すつなぎ のつづき	
または	前の内容に並べて、いずれかひとつを選ぶ事柄を言うときに使用。（類もしくは）
もしくは	前の内容に並べて、いずれかひとつを選ぶ事柄を言うときに使用。（類または）
◆**添加**──前の内容と並列の状態で添加するつなぎ	
あわせて	前の内容に並列してつけ加えるときに使用。（類同時に・それとともに）
同じく	同じ種類の事柄をあげるときに説明を省いて代わりに使用。（類ならびに・および）
おまけに	前の内容に、さらに別の事柄をつけ加えて言うときに使用。（類さらに・その上に）
および	複数の事柄をならべてあげるとき、つけ加えて言うときに使用。（類ならびに・また）
かつ	前の内容に、さらに別の事柄をつけ加えて言うときに使用。（類それとともに）
かつまた	前の内容に、さらに別の事柄をつけ加えて言うときに使用。
加えて	前の内容に、さらに別の事柄をつけ加えて言うときに使用。（類さらに・その上に）
さてまた	前の内容に、さらに別の事柄をつけ加えて言うときに使用。（類そうしてまた）
さらに	前の内容に、さらに別の事柄をつけ加えて言うときに使用。（類その上・また）
しかも	前の内容に、さらに別の事柄をつけ加えて言うときに使用。（類その上・かつ）
その上	前の内容に、さらに別の事柄をつけ加えて言うときに使用。（類さらに）
それから	前の内容に、さらに別の事柄をつけ加えて言うときに使用。（類そして）
それに	前の内容に、さらに別の事柄をつけ加えて言うときに使用。（類その上）

例文

連絡方法として、電話**または**メールを選択してください。

試験販売は、栃木県**もしくは**群馬県から始める予定です。

履歴書をお持ちください。**あわせて、**作文の提出もお願いします。

プロジェクトの企画担当は営業2課の山田太郎、**同じく、**鈴木一郎です。

電車は事故のため遅れていました。**おまけに、**すごく混んでいたのです。

企画書、**および、**進行予定表を送付いたします。

今回の企画は、斬新**かつ**優れた内容でした。

企画には独創性、**かつまた**斬新さが求められます。

売れ行きは好調です。**加えて、**続編の発売も決定しました。

仕事は苦しみであり、**さてまた**楽しみでもあります。

新製品が話題を呼んでいます。**さらに、**今度テレビで取り上げられることになりました。

この製品は高品質です。**しかも、**値段が安い。

この小説は秀逸です。**その上、**映像化された映画もいい。

企画部、営業部、**それから**販売部の人も集まってください。

見た目がよくない。**それに、**おいしくないですね。

つなぎの言葉	用途・説明
◆添加──前の内容と並列の状態で追加するつなぎ のつづき	
次いで	前の内容に引き続いて起きる事柄を言うときに使用。(類それから・次に)
次に	前の内容に続けてつけ加えて言うときに使用。(類それから)
ならびに	複数の事柄をならべてあげるとき、つけ加えて言うときに使用。(類および・また)
また	複数の事柄をならべてあげるとき、つけ加えて言うときに使用。(類および・また)／話題を転換するときに使用。(類それから)
◆補足──前の内容を補足するつなぎ	
ちなみに	前の内容に対して、関連する事柄を補足するときに使用。(類ついでに)
なお	話題が終わった後で、他の事柄をつけ加えるときに使用。
なおまた	話題が終わった後で、他の事柄をつけ加えるときに使用。(類そのほかに)
◆転換──話を転換するつなぎ	
さて	話を転換し、新しい話題を始めるときに使用。(類ところで)
そもそも	あらためて説明を始めるときに使用。(類いったい・もともと)
続いて	前の話題を終えて、次の話題を始めるときに使用。
転じて	前の内容を終えて、話題や視点を変えるときに使用。(類ところで)
ときに	新しい話題を始めるときに使用。(類さて・ところで)
ところで	前の話題を終えて、新しい話題を始めるときに使用。(類ときに)
とにかく	他の事情は別にして、ある事柄を言うときに使用。(類ともかく・いずれにしても)
ともあれ	他の事情は別にして、ある事柄を言うときに使用。(類ともかく・いずれにしても)

例文

シリーズ第一弾が発売されました。**次いで**、第二弾・三弾の製作が発表されました。

まず、今期の反省です。**次に**、来期の展望についてお話しします。

参加者の方は、申込書**ならびに**筆記具をご持参ください。

評判は上々でした。**また**、売れ行きも順調に伸びています。

会議の報告は以上です。**ちなみに**、会議では茶菓子がふるまわれました。

なお、企画の詳細は、添付書類をご覧ください。

なおまた、ハズレた方のなかから抽選で粗品をさしあげます。

さて、先日お見せした企画書の件ですが、詳細を書き足しましたので再送付いたします。

そもそも、人は「限定品」という言葉に弱いのです。

続いて、先日開かれたフォーラムについてご報告します。

転じて、英語教材の分野においては、新規参入が相次いでいます。

ときに、営業2課にいらっしゃった山田さんはお元気でしょうか。

ところで、先日の講演会はいかがでしたか？

とにかく、修正だけは急いでください。

ともあれ、連絡だけはとってみてください。

メールの小技

01 | 用件がひとめでわかる「件名」をつける

「件名（Subject）」はメールのタイトルにあたるものです。受信者は中身を開く前に届いたメールの件名を一覧し、読む・読まないを判断します。そのため件名は、受信者がひとめで内容を予測でき、かつ後から検索しやすいものである必要があります。

それは、以下のような要素を組み合わせることで作成できます。

- 具体的な名称（キーワード）を含めること
  - 環境プロジェクト会議
  - ものの言い方辞典
  - 新製品「ABC」説明会
- 特定できる日付や数字などを入れること
  - 第3回
  - 2004.9.1
- どんな主旨で送るものか（送る意図）を明示すること
  - お願い（依頼）
  - お知らせ
  - ご報告
  - ご提案
- 緊急性や重要度がわかること
  - 【緊急】 ・【重要】 ・【参考】

◎これらを組み合わせたわかりやすい例

【重要】第3回環境プロジェクト会議の報告書
「ものの言い方辞典」のご提案（企画書）
新製品「ABC」説明会（2004.9.1）のお知らせ

◎わかりづらい例

山田です	←内容を予測できません
こんにちは	←内容を予測できません
明日の件	←後から見たときに、内容や期日がわかりません
参考資料	←何の参考資料かわかりません

02 | CC（carbon copy＝複写）とBCC（blind carbon copy＝見えない複写）を使い分ける

メールの送り先は、宛先（TO）にメールアドレスを指定します。メールにはさらに、宛先とは別に送り先を指定して「コピーを送る」という機能があります。それが、「CC」と「BCC」です。
「CC」はcarbon copyの略で、「複写」を表します。一方、「BCC」はblind carbon copyの略で、「見えない複写」を表します。

両者の違いは、コピーの送り先として指定したメールアドレスが、メールの受信者に見えるか見えないかです。

それぞれ、以下のような目的で使用されています。

- CCを使う目的
  - 宛先（TO）とは区別して、用件を参考までに知らせたい場合
  - 誰にコピーを送ったかを、宛先（TO）の人にもわかってほしい場合
- BCCを使う目的
  - 誰にコピーを送ったかを、宛先（TO）の人にわからないようにしたい場合（内密に知らせたい）
  - 複数の人に同報メールを送るときに、互いのメールアドレスがわからないようにしたい場合（※わかっても構わない場合は、TOに複数のアドレスを列記します）

宛先： yamada@xxxxx.jp Cc： sasaki@xxxxx.jp 件名： 新製品キャンペーンの作戦 Bcc： miyamoto@xxxxx.jp	From: otsu@xxxxx.jp Subject: 新製品キャンペーンの作戦会 Date: 2004年9月24日 12:17:23 JST To: yamada@xxxxx.jp Cc: sasaki@xxxxx.jp
【送信時】CCとBCCのそれぞれにアドレスを入れます。	【受信時】受け取ったメールには、BCCのアドレスは表示されません。

03 | 署名をつける

パソコンでやりとりするメールでは、差出人の情報を示した「署名」を入れるのが一般的です。これは、メールの最後につけて、以下のような情報を記します。

- 会社名・部署名
- 名前
- メールアドレス
- 電話番号
- FAX番号
- 住所
- URL
- 簡潔なお知らせやコメント(アドレス変更のメッセージやひとことPRなど)

とくに仕事で外部の人とやりとりをするときは、相手がどんな連絡手段を望むかわからないため、電話番号などの必要な情報はもれなく記しておきます。

署名は通常4～5行を使って、項目を箇条書きにします。本文と明確に区別するために、記号等を利用した罫線(P.226)で区切るのが一般的です。

多くのメールソフトが、署名を登録したり自動挿入する機能をもっています。これを利用して、仕事用・プライベート用など複数の署名を使い分けると便利です。

署名の例

```
==========================================
佐々木小次郎(Kojiro Sasaki)
ものの言い方辞典編集部
〒000-0000  東京都××区××通り1-2-3  巌流島ビル
Mail:sasaki@xxxxx.jp
Tel:03-0000-0000  Fax:03-1000-0000
==========================================
```

04 | 効率よいやりとりのための「引用」のコツ

受信したメールに返信しようとすると、通常（メールソフトの設定による）元の文面が、頭に引用マークのついた引用文として表示されます。

> >10月10日のフォーラムの件でご連絡します。
> >営業2課からの出席者は何名の予定でしょうか。
> >資料の用意がありますので、人数のみ先にお知らせください。

引用マークが
「>」の引用文

メールでのやりとりを、わかりやすく効率的にするには、この「引用」をうまく利用します。
それには以下のようなポイントがあります。

- 引用は必要な箇所だけにする
- 引用文の文面・件名は勝手に変えない（文面を変えるのは不可だが、不要な部分をブロックで削除するのは可）
- 返信で答える項目が複数ある場合は、「引用文1」→「1の答え」、「引用文2」→「2の答え」のように、引用と対応する答えをセットにする
- 引用を何度もくり返さない。2～3回を限度とし、経緯がわかる部分のみを残すなど工夫をする

店舗やメーカーのように顧客からの問い合わせをたくさん処理するところでは、やりとりの経緯がすぐに把握できるように、あえて全文を引用するケースもあります。
通常は引用を多用すると不必要に長いメールになり、かえって要点がわからなくなってしまいます。本来の目的にかなうように、要・不要を切り分けて引用することが大切です。

05 | メールの本文と添付書類

　メールでは、本文とは別に添付書類をつけて送ることができます。便利な機能ですが、送るときには本当に添付書類にする必要があるのか、考える必要があります。基本は、受信者の手間や環境の制約を気遣うということです。とくに初めてやりとりする場合には、あらかじめの確認作業が大切です。たとえば、

- 添付書類でファイルを送ることの可否を確認
- 圧縮の形式や容量の制限などを確認
- 特定のアプリケーションの書類などは、ファイルが相手の環境で開けるかを確認
- 添付書類がウイルスに感染にしていないかチェック

　企業では、一定容量以上の添付ファイルを受信できないようにしたり、1つのメールアドレスごとに受信できるメールの容量に制限を設けている場合があります。また、ファイルのやりとりをするための別の手段を用意しているところもあります。そのため、スムーズなやりとりには事前の確認が必要となるのです。
　また、画像や特定のアプリケーションの書類はともかくとして、テキストファイル（文字）は、可能な限り本文にペーストして送ります。わざわざほかのソフトを起動しなくてすみます。その場合も、メールが長くなる場合はあらかじめそれをことわったり、本来添付しようと思った内容と本文との区切りをはっきりさせるなどの配慮が必要です。
　さらに添付書類については、これを通じてウイルスに感染することが多いため、見知らぬ人からのメールや身に覚えのない添付書類は、むやみに開かないように注意しましょう。

06 | メールを読みやすく工夫する

　メールは画面で読むため、紙に印刷したものを読むよりも数倍読みづらいものです。とくに、長いメールではそれが顕著で、受信者にとても負担をかけることになります。

　メールを最後まで読んでもらい用件をしっかり伝えるには、読みやすくする工夫が欠かせません。それには、以下のような手法があげられます。

- 適宜改行を入れて、1行の文字数を長くしすぎない
- 話のまとまりである段落の後に1行のアキをつくる
- 1つの段落を長くしない（3〜4行）
- 箇条書きにできる内容は、極力箇条書きにする
- 話のまとまりごとに見出しをたてて、見出しを一覧することで大まかな内容を把握できるようにする。
- 挨拶などの前文と本文（本題）の間に区切り線を入れるなどの工夫をする
- マークや罫線（P.226）を使って、メリハリのある見た目にする

```
12月20日のフォーラムの件でご連絡します。
-----------------------------------------------------------
●フォーラム開催要項●

◆日時
  2004年12月20日
  15時30分（開場10分前）

◆場所
  2丁目ビル4F 第三会議室
  住所：××区××通り2-0-0／電話：03-0000-0000

◆テーマ
  インターネット家電の可能性
        ：
```

適宜改行を入れたり、アキをつくることで読みやすくなります。

07 | 罫線を使ってメリハリをつける

テキストベースのメールでメリハリのある見た目を実現するには、記号などを利用した罫線をうまく活用します。罫線は、前文と本文といった内容を区切るだけでなく、重要な箇所を強調するなどの効果もあります。

メリハリをつける目的で使用するため、乱用するとポイントがわからなくなり逆効果です。要所要所で使うように心がけましょう。

また、仕事でやりとりするメールでは、顔文字を組み合わせたような「遊び」の過ぎたものは避けたほうが無難です。

```
関係者各位
山田@庶務課です。
12月20日のフォーラムの件でご連絡します。
****************************************************
11月30日までに出欠をお知らせください。
****************************************************

●フォーラム開催要項●
    :
```
重要な箇所を罫で囲んで強調

```
*****************************
=============================
+++++++++++++++++++++++++++++
~●~●~●~●~●~●~●~●~●~●~
◇◆◇◆◇◆◇◆◇◆◇◆◇◆◇◆◇◆◇◆
-----------------------------
'''''''''''''''''''''''''''''
++++++++++++++++++++++++++++++
-_-_-_-_-_-_-_-_-_-_-_-_-_-_-
○_○_○_○_○_○_○_○_○_○_○_
-■-■-■-■-■-■-■-■-■-■-■-
```
いろいろな罫線

08 インデントで見やすくする

　メールは基本的に左寄せのテキストです。これを、インデントを使うことで見やすさをアップし、内容をより把握しやすくすることができます。インデントは「字下げ」の意味で、文章の頭にスペースを入れて左にアキをつくることです。

　たとえば、「大見出し→見出し→本文」という内容がもっている階層をインデントの大きさで明示したり、項目名とデータを横並びにするときにインデントを使ってそろえることで、より見やすくすることができます。

```
■第一章
　○お詫びの言葉
　　・もうしわけありません
　　・すみませんでした
　○お礼の言葉
　　・ありがとうございます
　　・感謝感激です
■第二章
　○お願いの言葉
　　・よろしくおねがいします
　　・そこをひとつ、どうにかなりませんか
```

階層ごとにインデントを設けて揃えたもの

```
◆名前　　：佐々木小次郎
◆住所　　：××区××通り2-0-0
◆電話　　：03-0000-0000
◆注文番号：A3362-1470
```

項目名の後にインデントを入れて、データを左揃えに

```
1）開催日時
　　2004年12月20日
2）開催場所
　　××区××通り2-0-0
```

数字の後の項目名の位置とデータの位置をインデントで左揃えに

09 | 書面で使われる挨拶文①―時候の挨拶

時候の挨拶は、手紙の文頭で使われる季節の風物を織り込んだ慣用的な表現です。メールで日常的に使用されることはありませんが、久しぶりの連絡や目上の人へのメールでは活躍する機会もあるでしょう。参考までに紹介します。

以下に紹介する慣用表現に続けて「いかがお過ごしでしょうか」などの文句をつなげる形で使用します。

1月・睦月（むつき）
- 新春の候
- 初春の候
- 厳寒（げんかん）の候
- 厳冬の候
- 酷寒（こっかん）の候
- 酷寒のみぎり
- 寒さが身にしみる今日このごろ
- 冬来りなば春遠からじ
- 初春とはいえ厳しい寒さが続きます

2月・如月（きさらぎ）
- 余寒（よかん）の候
- 残寒（ざんかん）の候
- 晩冬の候
- 梅鶯（ばいおう）の候
- 立春の候
- 春まだ浅く
- 余寒きびしき折
- 梅のつぼみもそろそろふくらみ
- 立春とは名ばかりの寒さ

3月・弥生（やよい）
- 早春の候
- 浅春（せんしゅん）の候
- 春陽（しゅんよう）の候
- 春寒（しゅんかん）の候
- 春雪（しゅんせつ）の候
- 小川の水もぬるむ季節

- 桜のつぼみも膨らむころ
- 桜前線も北上してまいりました
- 日増しに陽ざしが春めいてまいりました

4月・卯月（うづき）
- 陽春（ようしゅん）の候
- 春暖（しゅんだん）の候
- 春色（しゅんしょく）の候
- 桜花（おうか）の候
- 春嵐（しゅんらん）の候
- 花便りも伝わる今日このごろ
- 春たけなわのころ
- 花冷えする今日この頃
- 春眠暁を覚えずと申しますが

5月・皐月（さつき）
- 立夏の候
- 新緑の候
- 惜春（せきしゅん）の候
- 若葉の候
- 薫風（くんぷう）の候
- 青葉若葉の季節
- 新緑が目にしみる季節
- 新緑の色増すころ
- 吹く風も夏めいてまいりました

6月・水無月（みなづき）
- 入梅（にゅうばい）の候

- 初夏の候
- 麦秋（ばくしゅう）の候
- 向暑（こうしょ）の候
- 若葉青葉の候
- うっとうしい梅雨の季節
- 若鮎のおどるころ
- 紫陽花がひと雨ごとに色づいてまいりました
- いよいよ梅雨明けを迎え

7月・文月（ふみづき）
- 盛夏の候
- 猛暑の候
- 大暑の候
- 炎暑の候
- 甚暑（じんしょ）の候
- 日々暑さ厳しき折
- 酷暑のみぎり
- 海や山の恋しい季節
- うだるような暑さが続いておりますが

8月・葉月（はづき）
- 晩夏の候
- 残暑の候
- 残炎（ざんえん）の候
- 立秋の候
- 処暑（しょしょ）の候
- 残暑厳しき折
- 立秋とは名ばかりの暑さですが
- 朝夕はいくぶんしのぎやすい気候になりました
- 夏休みも終わりに近づきました

9月・長月（ながづき）
- 新秋（しんしゅう）の候
- 初秋の候
- 新涼（しんりょう）の候
- 清涼の候
- 秋涼（しゅうりょう）の候
- 新秋快適のみぎり
- 灯火親しむころ
- 月が冴える美しい季節
- ひと雨ごとに秋めいてまいりました

10月・神無月（かんなづき）
- 秋冷（しゅうれい）の候
- 錦秋（きんしゅう）の候
- 黄葉（こうよう）の候
- 仲秋（ちゅうしゅう）の候
- 寒露（かんろ）の候
- 菊香る季節
- 天高く馬肥ゆる秋
- 日増しに秋も深まってまいりました
- 木の葉もすっかり色づいて
- ひんやりした秋気が心地よい日々

11月・霜月（しもづき）
- 落葉の候
- 暮秋（ぼしゅう）の候
- 向寒（こうかん）の候
- 晩秋の候
- 初霜の候
- 霜秋（そうしゅう）のみぎり
- 夜寒の折柄
- 落ち葉が風に舞う季節
- 日増しに冷気が加わり
- 秋の色もいよいよ深くなりました

12月・師走（しわす）
- 初冬の候
- 歳晩（さいばん）の候
- 新雪（しんせつ）の候
- 歳末の候
- 師走の候
- 歳末ご多忙の折
- 木枯らしの吹きすさぶ季節
- 寒さがいちだんと厳しい季節となりました
- あわただしい年の瀬を迎えました

10 書面で使われる挨拶文②

安否の挨拶

(個人)

	●	●	●	●	
皆様には	いよいよ	ご健勝	のことと	お喜び申しあげます	
各位には	ますます	ご清適	の由	大慶に存じあげます	
貴殿には		ご活躍	の段	拝察申しあげます	
貴兄には		ご清祥	のほど	拝察いたします	
先生には		ご隆盛		大慶に存じます	
		ご多祥		慶賀の至りに存じます	
		ご壮健			
		ご清栄		●お喜び申しあげます	
				大慶に存じあげます	

(組織)

	●	●	●	●
貴社には	いよいよ	ご隆昌	のことと	拝察申しあげます
貴店には	ますます	ご発展	の由	拝察いたします
ご一同様には		ご隆盛	の段	大慶に存じます
		ご繁栄	のほど	慶賀の至りに存じます

感謝の挨拶

		●	●	●	●	
平素は	格別の	ご厚情	を賜り	誠に	ありがとう ございます	
日ごろは	格段の	ご芳情	をいただき	本当に		
毎度	身に余る	ご愛顧	にあずかり			
このたびは	多大な	ご高配	くださり	心より	感謝申しあげます	
いつも ながら	何かと	ご懇情	くださいまして	深く	お礼申しあげます	
先日は	いろいろと	ご支援		衷心より	深謝申しあげます	
	なみなみならぬ	ご助力		厚く		
	ひとかたならぬ	ご指導				
	変わらぬ	お引き立て				
		お心づかい				
		お力添え				
		お世話				

時候の挨拶（P.228）と同様に、書面で使われるその他の挨拶文です。「安否の挨拶」・「感謝の挨拶」は前文に、「今後の支援を願う挨拶」・「繁栄や健康を祈る挨拶」は末文に入ります。

今後の支援を願う挨拶

今後とも✚	なおいっそうの	✚お引き立て✚	を賜ります	✚心から	✚お願い申し✚あげます
これからも	なにとぞ倍旧の	ご指導ご鞭撻	を賜りたく	伏して	お願いいたします
	よりいっそうの	ご愛顧	のほど	切に	
	従前どおりの	ご厚誼		衷心より	
	引き続き	ご高誼	✚くださいますよう		
	変わらぬ	ご支援	いただきたく		
	どうか変わらぬ	お力添え	のほど		
	どうか末長い	ご協力			
		ご懇情			
	✚よろしく	ご高配			
		ご配慮			
		お手配			
		ご厚情			

繁栄や健康を祈る挨拶

末筆ながら✚	✚貴社の	✚ますます	✚ご発展を	✚心から	✚お祈り申しあげます
	皆様の	いっそうの	ご活躍を	衷心より	お祈りいたします
	皆様には	いよいよの	ご躍進を	ひとえに	祈念いたします
		今後一層の	ご繁栄を		
			ご隆盛を		
			ご多祥を		
			ご多幸を		
			ご健康を		

索引

アルファベット

BCC ……………………………… 221
CC ………………………………… 221

あ

挨拶文 ………………… 34、202、228、230
相成る ………………… 85、139、140、143
足を運ぶ ………………………… 135
足を向けて寝られない …………… 41
頭が下がる ……………………… 100
宛先 ………………………………… 32
有り難い …………………………… 36
案する ……………………… 172、193
案内 ……………………………… 156
安否の挨拶 ……………………… 230
言いぬける ……………………… 52
言い逃れ ………………………… 52
言い開く ………………………… 51
言い分 …………………………… 53
言い訳 …………………………… 52
いかが …………………………… 85、193
遺憾 ………………… 111、112、147、184
意気込み ………………………… 124
行き違い ………………………… 67
幾日 ……………………………… 175
いくらか ………………………… 83
痛み入る ………………………… 86
至らない ………………………… 60
いたり ……………………………… 94、99
一意専心 ………………………… 168
一読 ……………………………… 117
一報 ………………………………… 84
移転 …………………………… 132、133
いまのところ …………………… 106
依頼 …… 72、73、74、75、76、78、83、88、113
祝い事 …………………………… 96
インデント ……………………… 227
引用 ……………………………… 223

うかがう ………………………… 80
うかつ …………………………… 55
受け入れる ……………………… 104
承る ……………………………… 102
受け取り ……………… 118、120、121
受ける ………………………… 104
栄 ……………………………… 158
鋭意 ……………………………… 69、168
営業 ……………………………… 132
縁 ……………………………… 150
お祝い …………………………… 92
仰せつかる ……………………… 128
おかげさま ……………………… 43
お断り …………………………… 106
納める …………………………… 119
教える …………………………… 163
お知らせ ……………… 142、163
おすがりする …………………… 78
お世話様 ………………………… 42
恐れ入る ……………… 86、88、100
恐れ多い ……………………… 89、91
おそろい ………………………… 160
驚く ……………………………… 194
お見舞い ………………………… 192
おめでとう ……………………… 92
思いきって ……………………… 137
折り返し ……………………… 83、181
お礼 ……………………… 36、37、38
お詫び ……………………… 45、46
恩 ………………………………… 41
恩義 ……………………………… 41
恩に着る ………………………… 41

か

開業 ……………………… 136、137、138
開催 ……………………… 152、154
解散 ……………………………… 140
改善 ……………………………… 187

改築	133
回答	83、181、185、190
回復	197、198
かぎり	39、54
覚悟	165
学識	90
確認	82
格別	123
かしこまる	103
過失	51、52、55、56、57、58、59
方(かた)	187
かたじけない	87
勝手	77
活躍	151
加療	197
汗顔	54
喚起	189
歓迎	135
感激	40
感じ入る	98
感謝	36、37、38、39、43、123
感謝の挨拶	230
感心	98
勘違い	56
感服	99
勘弁	50、108
感銘	98、100
貴意	148
企画	153
気が回る	61
気軽	157
聞き入れる	102
聞く	81
期待	149、169
期待に添う	105
忌憚	161
希望	148
肝に銘じる	49
逆接	210
窮状	79
休養	125
業界	167
恐縮	86、87
業務拡大	133

協力	111、114
拒絶	106、107、110
きわまる	75
金子	110
勤務	126、127
繰り合わせる	159
苦慮	179
苦労	195
経営合理化	141
経過	174
慶賀	94
罫線	226
敬服	99、100
決意	164、165、166
結構	106
決定	139
原因	63、64
賢察	79、115
検収	118
厳重	171
健勝	151
謙遜	90、91、109
検討	159
厳に	189
賢明	188
賢覧	116
高察	115
公私ともども	123
後任	130
高庇	123
高評	161
高覧	116
誤解	52、56、67
心得違い	56
心苦しい	87
心を打たれる	100
こと(事)	126
ことわり	35
ごもっとも	53
懇願	74
困窮	195
今後の支援を願う挨拶	231
言上	97
困惑	179、184

233

さ

最悪	190
再構築	141
最後通牒	182
最後の手段	182
再三	178
催促	178
さしでがましい	89
査収	118
察する	95
参加	155、157、162
参照	117
参上	130
残念	112、147
自愛	199
支援	169
自戒	48、49、170、171
しかるべき	182、187
至極	87
事実	66
事情	62、79、115、177、181
辞職	122
自責	48
次第	64
辞退	106、107、108、109、111、112、114、115
事態	187
実施	153
実情	70
失態	54、57、58
失態を演じる	58
失念	176
失礼	44、57
忍びない	76
締め切り	174
締めの言葉	200
謝意	38、39、46、113
社業	167
釈明	52、62
雀躍	95
謝罪	44、45、47
秀逸	101
周知徹底	171
就任	127、130
祝詞	92
祝福	92、93、94、97
授受	119
受諾	104
出欠	162
出色	101
出席	155、158、159、160、161、162
受納	119
受領	120
準備	138
照会	80
紹介	131
状況	85、172、184
状況報告	69、70
承諾	102
承知	65、102、183
承認	53
笑納	119
承服	186
焦慮	196
所存	165、171、191
処置	84、180、182
諸般の事情	141
署名	222
心機一転	124
心酔	99
順接	206
迅速	180
慎重	144
心痛	47、195
進展	70
心配	47、193
信頼	169
心労	47
推移	190
推察	79、115
推測	176
筋	188
勧め	106
済まない	44
すみません	44
誠意	180、185
成果	70
静養	197、199

精励	124
責任	185
赤面	54
せっかく	149
接する	175
絶大	123
切に	74
説明	62、67、208
設立	136
世話	42
僭越	89、189
全快	198
浅学	90
選出	128
善処	84、187
専心	69、164
千万	57
全力	168
添いかねる	107、148
添う	107、169
早急	187
送信者情報	33
措置	188
存じ	65
存ずる	40、73、165

た

対応	84
大慶	94
退社	122
対処	180、187、188
対比	214
堪える	192
諾否	162
だしぬけ	77
尋ねる	81
立ち寄る	135
多忙	88、176、196
多用	88
頼る	113
担当	129
力が及ばない	109
力になる	105、114
力不足	60、109

着任	127
着荷	121
注意	171、189
忠告	161、189
頂戴	121
陳謝	45
追記	205
通知	142
通覧	116
尽くす	164
都合	141、159、162、177
謹んで	108
務める	129
努める	164
適切	188
でしゃばり	89
手数	42
出過ぎる	89
手狭	133
手違い	176
手筈	138
出る幕ではない	109
手を引く	140
添加	216
転換	218
転出	126
添付書類	224
問い合わせ	80
同慶	94
同情	79、192
到着	121
唐突	77
同列	208、210
督励	131
途方に暮れる	179
努力	166
とんでもない	59

な

内情	79
内定	145
内報	84
慰め	192
納得	103、186

235

なにぶん	83、185
何らか	83
荷が重い	109
担う	128
認識	65
任命	128
ねぎらい	42
念	39、47、48
念願	137
念のため	183

は

把握	82
廃業	140
拝察	95、195
拝受	120
配属	126
配慮	196
励み	169
運び	136、154、155
恥じ入る	54
畑違い	109
発展	151、167
反意	68
繁栄	167
繁栄や健康を祈る挨拶	231
万障	159
反省	48、49、60、61、170、171
判然	68
万全	171
判明	63
非	51、52、53
引き受ける	102、104、107、111
引き継ぎ	131
引き回し	131
非才	90
ひとかたならぬ	123
非難	52
微力	90
非礼	57
不快	47
不覚	55
複写	221
含む	183

無作法	77
ぶしつけ	77
伏して	74
不始末	58
不祥事	170
不注意	55
不手際	170
不徳	60
不徳の致すところ	60
腑に落ちない	68
赴任	127
不本意	112、147
不愉快	47
不行き届き	61
ふるって	157
無礼	57、77
分不相応	109
閉鎖	139
弁解	51
返事	83、162、203
鞭撻	131
弁明	51
芳志	169
方針	125
発定	136
方途	188
法的措置	191
抱負	124
法律上の手続き	191
補足	218
骨折り	43
ほめる	98、99、100、101

ま

紛れもない	66
万一	190
見合わせる	148
身勝手	75
未熟	90
未定	125
見通し	177
身に余る	87、91
身分不相応	91
耳を疑う	194

旨	145
胸を打たれる	100
無理もない	53
迷惑	47、75、76、184
目通し	117
面倒	42
面目	54
面目次第もない	54
申し添える	183
申し出	107、113
申し開き	51
申し訳	44
申し訳ない	86、89
猛省	48
持ち合わせ	110
もちまして	143
もったいない	87、91
もってのほか	59
尤も	53
催す	152

や

約束	174
役に立つ	105、111、114
許し	50
よう(様)	46
要求	113
用件	35、220
容赦	50、108
養生	197、199
要請	72
用立てる	110
要望	107、161
用命	129
由	96
悦ばしい	93
慶び	93、95
喜び	93、95

ら

来駕	158
来臨	158
理解	71、103、115
理由	63、64
了解	71、103
了承	71、102
臨席	158
礼儀知らず	57
連絡	142、163、175、181

わ

脇目もふらず	69
詫びる	45
割り切れない	68
割り切れる	68

本書の執筆にあたって、以下の書籍を参考にさせていただきました。
『説得できる文章・表現200の鉄則』(永山嘉昭・黒田聡・雨宮拓 共著／日経BP社出版局)、『正しい日本語事典』(小山元明 監修／大創産業)、『「人に聞けない」文書の書き方』(田中四郎 著／永岡書店)、『さすが!と言われるビジネスマナー』(安田賀計 著／PHP研究所)

著者紹介
シーズ

旅行・就職・語学・金融・ビジネス・デザイン・インターネット……編者・著者として種種雑多な本づくりに携わり、最適な言葉を常に求めて幾星霜——。著書に、『ビジネスメール ものの言い方[文例]辞典』『ビジネスマナー ものの言い方辞典』（以上、技術評論社）、『Technique Bible Flash8』（ソフトバンク クリエイティブ）、『HTML&CSSビジュアル・リファレンス』（エムディエヌコーポレーション）などがある。

この作品は、2004年12月に技術評論社より刊行されたものを、加筆・修正したものである。